DUTRONC

UNE VIE EN CHANSONS

34-36, rue La Pérouse
75116 Paris
Ouvrage dirigé par Clément Ronin

Graphisme de couverture et mise en page : Jef Cortes
Photo de couverture : © Martine Peccoux / Bridgeman Images
ISBN : 9782755667103
Dépôt légal : avril 2023
Imprimé en France par CPI Bussière

OLIVIER CACHIN & ÉRIC JEAN-JEAN

DUTRONC

UNE VIE EN CHANSONS

Hugo Doc

SOMMAIRE

PRÉFACE

Comment ont été créées les plus belles chansons de mon père ?

Mystère… D'ailleurs, beaucoup de choses le concernant restent mystérieuses… Pourquoi tout ce mystère autour de lui ? Mystère encore ! On aimerait revivre ces séances d'enregistrement avec mon père et Gainsbourg, en particulier quand ce dernier faisait des cocktails plutôt que d'écrire (il est crédité comme « barman » sur la pochette de « Merde in France »). On apprend plein de choses dans ce beau recueil, on rêve à plein d'époques différentes et à des moments de grâce à travers l'histoire de la genèse de ces chansons. Elle est bien cette phrase, non ? J'ai failli écrire : « On apprend plein de choses, on rêve à plein d'époques différentes, de moments de grâce à travers de porc l'histoire de la genèse de ces chansons. » Mais ce ne serait pas sérieux, et, croyez-moi, avoir la responsabilité d'une préface, c'est drôlement sérieux !

Personne ne sait vraiment comment ces instants fabuleux, fous ou chavirés ont bien pu accoucher de chansons françaises encore aujourd'hui d'actualité et assez indémodables. Et, entre nous, je pense que même mon père n'en sait rien, car, au fond, il n'y a pas de formule magique. Est-ce la personnalité de mon père ? Son intelligence et son instinct, son charisme, le terreau de son éducation (il faisait à peu près tout ce qu'il voulait, mais dans une époque plus stricte et plus joyeuse qu'aujourd'hui) ? Son propre père – mon grand-père, donc – disait de lui qu'il était un enfant très facile et que, du moment qu'on lui donnait tout ce qu'il voulait, il ne réclamait rien ! On écrit tellement sur les téléphones que j'ai envie de mettre un bonhomme mort de rire à côté, vous savez, celui qui rigole le plus, lol, mdr, ptdr et tout ça, quoi…

Autre hypothèse, mon père a-t-il été reçu premier dans un concours de circonstances ? C'est sûr que l'alchimie entre Lanzmann et lui est pour beaucoup dans la réussite de ses plus belles chansons. Ma mère a écrit : « Chercher à le comprendre, c'est courir après le vent. » Moi, de mon temps, j'ai connu mon père plutôt maniaque, rangeant ses multiples objets avec soin et méticulosité. Il m'a cependant raconté qu'à 20, 25 ans, il y avait un mètre de haut de bordels en tous genres dans sa chambre… Bon, je l'ai quand même vu avoir jusqu'à cinquante-trois chats en Corse. On ne pouvait plus manger dehors, les chats sautaient sur la table, il y en avait partout. On dormait mal, sans cesse réveillés par ces chats qui passaient la nuit à se battre et à hurler. Et puis, comme ils n'étaient pas tous opérés, ça puait sévèrement tout autour de la maison. Il avait, dans sa logique, laissé la situation aller jusque-là. On peut en déduire un premier élément d'explication du mystère : il suit une logique qui n'a rien de logique.

Dans les années soixante, en l'espace de quelques années seulement – c'est dingue tellement c'est court ! –, au côté de Jacques Lanzmann, il a créé « Et moi, et moi », « Les Play-Boys », « Les Cactus », « J'aime les filles », « Les gens sont fous, les temps sont flous », « Le Responsable », « La Fille du Père Noël », « On nous cache tout, on nous dit rien »,

« L'Opportuniste », « Fais pas ci, fais pas ça », « Le Petit Jardin », « L'Hôtesse de l'air », « Paris s'éveille » et j'en passe : il y avait un tube énorme qui déboulait tous les mois à la radio. Même Pompidou, le président de l'époque, qui n'était pas un camembert, avait parlé de ses « Cactus » à l'Assemblée. Et je crois qu'il l'a chantée devant lui, à l'Élysée, en entrant sur scène en caleçon – humour jovial de gosse irrévérencieux –, avec ses musiciens qui n'en revenaient pas et n'avaient pas osé suivre son exemple.

On me souffle qu'il faudrait que je parle un peu de moi. C'est vrai que j'ai réussi à faire quelques « tubes » aussi, et, si ceux de mon père étaient en or, les miens n'étaient quand même pas en PVC, y a pas de raison que je me déprécie. Ok, ok, je ne les compare pas à ceux de mon père, évidemment, mais voilà, j'ai réussi à commettre quelques chansons qui ont marqué quelques personnes. Y a pas de recette, encore une fois, j'aurais bien voulu continuer à écrire des choses dans la même veine que « J'aime plus Paris », « Comme un manouche sans guitare » ou encore « Nasdaq », mais on change avec le temps, et puis on n'a pas envie de se répéter, on a envie d'explorer d'autres genres de musique…

En tout cas, faire cette année de tournée au côté de mon fantastique Papounet a été une immense expérience pour moi. J'ai côtoyé son « mystère » de plus près, j'ai percé quelques secrets de sa manière d'être, de sa façon d'appréhender la scène, mais, comme disaient les Vieilles Canailles, « On veut des légendes », et je ne vous dirai rien, sauf sous la torture, ça va de soi. Cette folle aventure père & fils sur scène « pour l'augmentation du goût de la vie » nous aura donné tant de joies, grâce au public et à son amour pour mon père et sa manière d'être… Il faut dire qu'on a une belle complicité, tous les deux. Et puis, on s'aime tant, même si on ne se le dira jamais en face.

Bonne lecture, j'espère que vous apprécierez comme moi cet ouvrage que l'on peut d'ailleurs parcourir à tout moment, faut-il le préciser, en perfecto, en costume ou encore en slip, à la mode Dutronc Jacques !

Poupinet

AVANT-PROPOS

« Allô, comment il va, le Jean-Jean ?

– Salut Olivier, très bien ! Dis-moi, Dutronc, ça te parle ?

– Ouh là, tu me ramènes carrément à mon enfance… Tu sais que c'est mon premier souvenir d'achat de 45 tours ? Je devais avoir 10 ans, j'étais avec ma mère à la Fnac de l'avenue de Wagram, celle qui est à Ternes maintenant. J'ai encore en mémoire cette pochette marron avec la photo de Georges Descrières en Lupin… C'était le single « L'Arsène ». T'imagines… Et toi ?

– Déjà, tu le sais, Thomas est un très bon copain, mais avec Jacques, c'est une histoire folle. Tu te souviens, en 1992, quand il a fait sa résidence au Casino de Paris ? Un mois pendant lequel il jouait au ball-trap avec les journalistes qui venaient se faire dégommer sur scène, unique endroit où il acceptait de donner des interviews, en plein milieu de son concert ! J'avais 25 piges, j'étais tétanisé à l'idée d'aller me faire mettre en pièces… Eh bien, il avait accepté de se déplacer à ma radio.

– C'est dingue. Comment ça se fait ?

– D'après ce qu'on m'a dit, il avait décelé que j'avais un petit accent de Bordeaux. Quand il m'a demandé d'où je venais et que je lui ai répondu de Blaye, il m'a raconté avoir tourné un film là-bas.

– Et après ?

– Après, chaque fois qu'il avait de la promo, j'ai pu l'interviewer. Je suis même allé deux fois chez lui, en Corse. Quelle rigolade.

– Ah oui, bingo radio à Monticello !

– Exact ! Jacques nous avait invités. À l'époque, j'adorais le champagne Ruinart, il en avait fait livrer. Tu imagines la soirée… Je ne me souviens pas bien comment elle s'est terminée, d'ailleurs. Toute la journée du lendemain, on était dehors avec ses copains, il faisait hyper chaud et j'avais un mal de crâne…

– Et, bien sûr, tu n'as pas pu piquer une tête dans la piscine…

– Eh non, impossible, vu qu'il l'a bouchée. On ne va pas là-bas pour faire les touristes ! Bref, je l'aime d'amour. Je pense même que c'est lui qui m'a présenté Thomas, qui, à l'époque, jouait avec Biréli Lagrène.

– Deux générations de guitaristes !

– Et tu sais que la première fois que j'ai fait jouer Thomas dans « Le Grand Studio », c'était pour un concert de Sacha Distel ? J'adore cette famille !

– Impossible de ne pas les aimer ! J'ai rencontré Thomas il y a quelques années et on a bien accroché, le mec cool par excellence, dingue de Django Reinhardt et fan de rap *old school*… Mais au fait, pourquoi on parle de Dutronc depuis tout à l'heure ?

– On m'a proposé d'écrire un livre sur lui.

– C'est trop bien, il faut le faire !

– Mais je crains de ne pas avoir le temps…

– Mmmmh… J'ai bien une idée.

– Ah ?

– Ben, Éric… Tu ne me vois pas venir ?

– Développe !

– On fait ça à quatre mains ! Cachin-Jean-Jean, ça claque,

non ? On pourrait faire des interviews avec ses musiciens, ses collaborateurs, ceux avec qui il a travaillé… Tiens, Stomy Bugsy, avec qui il a chanté en duo « Une tombe à la place du cœur » ! Maxime Schmitt, c'est un copain, il a géré l'animal pendant la période *Guerre et Pets*-« Merde in France », il va nous raconter les dessous de la création avec Gainsbourg !

– OK. Mais on le fait à une condition : Thomas valide l'histoire.

– J'allais le dire. Et on lui demande d'écrire la préface ?

– Tu m'étonnes ! »

Deux jours plus tard, on se retrouve dans les locaux de RTL. On appelle Thomas sur son portable.

« Thomas ? C'est Éric et Olivier. On a bien envie d'écrire un livre sur les chansons de Dutronc père et fils, et de sortir ça pour le quatre-vingtième anniversaire de ton père. Et on aimerait que tu écrives la préface. Tu en penses quoi ?

– Excellente idée, les amis. Et OK pour la préface ! »

Fin de l'histoire ?

Non.

Début d'un marathon.

On a lancé la machine, ressorti toute la discographie vinyle de Jacques, dressé la liste d'une cinquantaine de morceaux choisis pour résumer sa vie en chansons, été voir et revoir le concert magnifique *Dutronc & Dutronc*… et rencontrer nos témoins : Jacques & Thomas, bien sûr, et, par ordre alphabétique, Daniel Auteuil, Alain Chamfort, Étienne Daho, Gilles « Stomy Bugsy » Duarte, Jean Fauque, Marie-Laurence Gourou, Jacky Jakubowicz, Philippe Labro, David Lanzmann, Françoise Lanzmann, Claude Lelouch, Didier « JoeyStarr » Morville, Maxime Schmitt, Anne Segalen…

Toutes et tous ont vécu avec Jacques, travaillé avec lui, chanté avec lui, joué au cinéma ou sur scène avec lui. Ils sont la colonne vertébrale de ce flashback sur près de cinquante ans passés par Dutronc à tutoyer l'excellence, à s'imposer comme un insolent boss du rock en français, puis de la chanson française tout court, avant de crever l'écran avec les plus grands.

Qui est Jacques Dutronc ? Pas sûr que lui-même ait une réponse définitive à cette question existentielle. De toute façon, Dutronc, ça ne s'explique pas, ça se palpe. Et avec Thomas en fils prodigue, la descendance est assurée.

Éternels jusqu'à demain, les Dutronc, et gravés dans nos mémoires à l'encre indélébile avec tant de morceaux d'anthologie qu'on a dû se résoudre, la mort dans l'âme, à n'en garder que cinquante-trois.

Cinquante-trois moments suspendus dans le temps, des instants d'éternité pop en trois minutes chrono.

Une vie en chansons.

Olivier Cachin & Éric Jean-Jean

« ET MOI, ET MOI, ET MOI »

C'EST LUI, C'EST LUI, C'EST LUI

« J'y pense et puis j'oublie
C'est la vie, c'est la vie »

Les débuts discographiques de Jacques Dutronc sont le résultat d'un accident heureux. Et finalement, l'été 1966 va devenir celui de l'avènement d'une nouvelle star…

Si Dutronc est devenu chanteur – « Escroc, donc chanteur », aime-t-il répéter –, c'est en partie grâce à la maladie. « Mon père, son violon d'Ingres, c'était le piano ; mon frère, la guitare ; moi, je préférais les Arts déco, je faisais du dessin. Et puis j'ai eu un problème au genou et je suis resté couché six mois. Ça m'a laissé le temps de découvrir la guitare. » De fait, à l'âge de 16 ans, la maladie de Bouillaud, qui se traduit par un rhumatisme articulaire aigu, va obliger le futur escroc-chanteur à adopter la position allongée et sera à l'origine de son jeu de guitare qu'il va mettre à profit au Golf-Drouot avec son groupe – Les Tritons, ou Dritons –, puis avec El Toro et les Cyclones, dont il est le guitariste et qui signera son premier contrat avec Vogue, le 9 octobre 1961.

Les raisons qui ont poussé Dutronc à chanter ce hit fondateur qu'est « Et moi, et moi, et moi » ont été racontées, avec une dérision qui laisse rêveur, par Jacques lui-même : « On ne trouvait que des tocards pour la chanter, alors finalement on m'a dit : “Vas-y, toi, fais-le, tu as des fringues de comptable, ça colle parfaitement à la chanson. Alors je l'ai chantée, complètement décontracté, comme si on m'avait demandé d'aller poncer une table. »

À l'origine, c'est Hadi Kalafate, ami de longue date, guitariste-bassiste des Dritons et d'El Toro et les Cyclones, en 1962, qui doit interpréter les *lyrics* écrits par Jacques Lanzmann. En effet, Lanzmann a soumis à Jacques Wolfsohn, le boss de Vogue, plusieurs dizaines de textes qui s'avèrent autant de tubes potentiels. Selon la légende, c'est l'impolitesse du chanteur Antoine, qui n'aurait pas salué les deux Jacques – Dutronc et Wolfsohn – alors qu'ils se croisaient dans l'escalier des locaux du label Vogue, qui a déclenché le processus d'écriture des paroles, sorte de pastiche de la « chanson engagée » façon Antoine.

Jacques Dutronc a écrit les musiques des quatre chansons retenues par Wolfsohn, dont « Et moi, et moi, et moi », à l'insistant riff de guitare très britpop. Ce même riff de guitare est à la base d'un single de la chanteuse Cléo – une petite curiosité titrée « Et moi, et toi, et soie » –, et l'impact de cette composition dynamique et d'obédience rock britannique va même séduire les Kinks, avec lesquels Jacques Dutronc se retrouve sur scène, en septembre 1968, lors d'un festival en Belgique. Ray Davies apprécie tant la chanson qu'il annonce vouloir la reprendre. Si cet adoubement par un groupe rock majeur n'a jamais vu le jour, il semblerait qu'il existe bel et bien quelque part dans les archives des Kinks, l'aîné des frères Davies ayant affirmé en interview l'avoir enregistré. Mungo Jerry, quant à lui, l'a repris en langue anglaise sous le titre

« Alright, Alright, Alright ». Encore plus exotique : la version italienne sortie en 1967 par Franco Battiato, « Il mondo va così ».

C'est par défaut que Dutronc va chanter les titres de Lanzmann : le studio a été loué, et il faut bien les sortir, ces morceaux… À l'été 1966, une nouvelle star qui joue le cynique flemmard fait sa première apparition télévisée en juillet, suivie d'une mini-tournée et d'un passage à l'Olympia le 12 septembre.

Avant de rencontrer Claude François qui lui donnera sa chance en tant que chanteur solo, Alain Chamfort a fait partie du groupe de musiciens qui entoure Jacques, et on l'entend sur les premiers singles. Sa première rencontre avec Dutronc remonte au début de son succès, en 1966. Il se souvient : « C'était aux "Canaries", un bar en face du 54, rue d'Hauteville, où se trouvaient les studios et la maison de disques Vogue. J'avais un contrat avec un groupe qui s'appelait les Mods. Jacques était l'assistant de Wolfsohn. On se voyait au bar, c'était une espèce de lieu de rencontre des gens qui travaillaient chez Vogue. On a sympathisé, il était rigolo, il faisait rire tout le monde. Il a toujours été un peu décalé avec ses costumes trois-pièces, mais avec, dans la tête, une espèce d'esprit punk. On ne savait même pas qu'il avait enregistré, on le voyait comme assistant de Wolfsohn. Nos disques sont sortis. Lui, il a tout de suite accroché. Entre "Et moi, et moi, et moi" et notre pauvre chanson des Mods, il n'y avait pas photo. Notre disque a été un bide tout de suite. »

Chamfort va donc migrer dans l'équipe de Jacques Dutronc : « Il était très demandé car son titre est passé tout de suite en radio, les émissions de télé le demandaient pendant les vacances 1966. Le groupe de copains qui avait enregistré "Et moi, et moi, et moi" avait été réquisitionné sur une tournée et n'était pas disponible pour suivre Jacques. Il nous a demandé si on était libres pour faire ses premières promos avec lui. »

« LES PLAY-BOYS »

UN CHANTEUR NOMMÉ SEX

« J'ai pas peur des petits minets
Qui mangent leur ronron au Drugstore »

Deuxième EP de Jacques Dutronc après « Et moi, et moi, et moi », « Les Play-Boys » est également signée Jacques Lanzmann. La chanson rencontre un succès retentissant et devient un tube, atteignant la deuxième place du hit-parade.

Dutronc n'a que 23 ans quand il rencontre Jacques Lanzmann, le frère de Claude, auteur du film documentaire *Shoah*. Deux frères, deux ambiances. Jacques va façonner pour Jacques des *lyrics* entre cynisme – comme « L'Opportuniste » – et premier degré – « La France défigurée ».

Onze ans avant de rencontrer l'autre Jacques, Lanzmann a écrit un roman, *La glace est rompue*, publié chez Julliard, notamment grâce au soutien de Simone de Beauvoir. Journaliste à l'hebdomadaire *L'Express*, Lanzmann sera rédacteur en chef du mensuel de charme *Lui* puis animateur sur Europe n° 1.

La rencontre des deux Jacques a donné lieu à de nombreux singles à succès, comme ces « Play-Boys » dont le « Encore ! »

de relance en fin de morceau rythmera pendant quelques décennies la fameuse émission radio de RTL « Stop ou Encore ». Dutronc aurait aimé plus que des paroles de la part de l'autre Jacques : « Quand j'ai connu Jacques Lanzmann, il était rédacteur en chef du magazine *Lui*. J'espérais bien qu'il me présente deux ou trois de ses modèles, histoire de faire connaissance. Même pas… » Toujours est-il que Jean-Marie Périer, grand ami de Jacques qui le lancera au cinéma en lui donnant le premier rôle d'*Antoine et Sébastien*, l'a surnommé « Sex » et en a fait le titre du documentaire qu'il lui consacra en 2002, *Salut Sex !*.

Ce qui est étonnant dans l'alchimie immédiate entre les musiques de Dutronc et les textes de Lanzmann, c'est que ce dernier n'a pas la fibre musicale, comme se souvient son fils, cinéaste et musicien, David Lanzmann : « Lors du premier single de Dutronc, en 1966, mon père a 41 ans. Il a réussi sur le tard dans la musique. En revanche, il a sorti des bouquins, dont un est passé à une voix du Goncourt. Il a été sous la protection de Jean-Paul Sartre et Simone de Beauvoir. Mon père n'a rien à voir avec la musique. À la maison, il n'y avait pas de tourne-disque. Mon père ne connaît rien à la musique. Et Wolfsohn a un coup de génie. Il dit à mon père : “Il y a un mec, je voudrais lui faire faire des chansons, tu n'aurais pas un texte ?” Il répond qu'il n'écrit pas de chansons. Wolfsohn : “C'est pas grave, est-ce que tu veux écrire des textes ?” Et mon père a écrit sans savoir ce que sont les pieds. Il y a été au pif et il a balancé ses textes. Et Dutronc, parce qu'il a la rythmique, a dû contracter des phrases. Il n'a pas réécrit, mais il a réadapté. Wolfsohn, Lanzmann et Dutronc, on les appelait “les trois Jacques”. Et tout ça vient de l'idée d'un producteur génial qui est allé chercher un écrivain qui ne connaissait rien à la musique… Comme son frère Claude Lanzmann, mon oncle, qui disait : “Je déteste deux choses dans la vie, la mort et la musique.” »

Quant à Jacques Dutronc, quand on lui demande si ça ne le fatigue pas de prendre la vie à la rigolade, sa réponse est raccord avec son cynisme de façade : « Ce qui me fatigue, c'est le nombre incroyable de gens qui la prennent au sérieux. »

« J'avais un vrai piège à filles. En fait, ça ressemble à de vulgaires pièges à lapin : une branche maintenue recourbée par une ficelle, un nœud coulant, et hop, lorsque la fille marche sur le piège, elle se retrouve pendue par un pied. Comme appât, le collier ou la bague sont conseillés. » On imagine ce que donnerait cette boutade à l'ère de #MeToo et des *social justice warriors*…

Alain Chamfort est aux claviers sur « Les Play-Boys » et se rappelle l'enregistrement artisanal de ces chansons improbables : « C'était enregistré sur quatre pistes, on reprenait quand ça n'allait pas. Mais il y avait peu de play-back. Wolfsohn était l'ingénieur du son dans la cabine, il hurlait sur tout le monde, il était complètement dingue. J'étais à l'orgue et au piano, Hadi Kalafate à la basse, Michel Pelay à la batterie. On découvrait les chansons, il y avait trois bouts d'accords, Jacques improvisait, il ne savait pas trop ce qu'il allait faire en arrivant. Chacun essayait d'apporter sa contribution, de trouver son placement, il n'y avait pas de chef d'orchestre, c'était vraiment de la production de groupe, les choses naissaient comme ça, en studio. On avait la structure. Quand un mec se plantait, on recommençait. On enchaînait, on allait vite. »

C'est à Chamfort que l'on doit le fameux gimmick des notes de piano avant le « Encore ! » et le break de batterie. « C'était un gimmick de Count Basie, employé à plusieurs reprises dans ses orchestrations. Jacques voulait ça à la fin des "Play-Boys". C'est complètement improvisé, pas calculé. Ça devient des moments qui restent, qui marquent l'histoire de la chanson. »

Sa collaboration avec Dutronc durera encore le temps de quelques singles mémorables. « J'en ai fait d'autres. Il y a eu "L'Opportuniste", le premier album puis une série de chansons. Elles ont été rassemblées sur des albums plus tard, mais elles ont été enregistrées comme des singles. » À peine plus de deux ans après leur rencontre musicale, les destins de Dutronc et de Chamfort divergent. « On était musiciens de session, ça ne payait pas bien, mais on en vivait, surtout grâce aux tournées. Jacques tournait beaucoup, il était souvent sur la route. Et pour les enregistrements, on était payés au tarif syndical. J'avais 17, 18 ans quand je l'ai rencontré, je l'ai quitté fin 1968 quand j'avais 19 ans. À cet âge-là, gagner autant d'argent, c'était assez inouï quand même. »

Le single « Les Play-Boys » se vend à près de deux cent cinquante mille exemplaires, contre près d'un million pour l'album qui le contient. Des débuts en fanfare pour le trublion de la chanson rock à la française.

Le titre est repris en 1995 par Les Enfoirés, puis en 1998 par C. Jérôme sur la compilation très variét' *Ils chantent Jacques Dutronc*, et adapté en 1967 par Les Charlots dans une version comique lourdingue sous le titre francisé « Les Plaies-Bois ».

Le morceau original, lui, est couronné en 1967 par la prestigieuse académie Charles-Cros… dans la catégorie « chanson et musique légère ». Le jury devait manger du ronron.

« LES CACTUS »

JACQUES SE PIQUE DE POLITIQUE

« Dans mon lit, j'ai mis des cactus
Dans mon slip, j'ai mis des cactus »

Étendard des concerts de Jacques Dutronc, la chanson « Les Cactus » s'immisce rapidement dans la vie politique française à la suite des élections législatives de 1967.

Écrit par Lanzmann la nuit, validé par Dutronc au petit matin, ce single fameux aurait été inspiré par le chanteur, bien que sa version soit plutôt peu fiable : « J'ai longtemps eu plein de boutons sur la gueule, je les appelais mes cactus. J'en avais surtout un que j'ai même filmé, j'ai gardé la bobine. Le plus gros cactus du monde. Et puis, j'en ai surtout fait une chanson. »

Sombre héros en poncho sur la couv' exotique signée Jean-Marie Périer, Jacques arbore une guitare acoustique pour illustrer ce rock électrique dont l'impact sera carrément présidentiel : plus tôt, en 1967, les élections législatives n'ont pas donné aux Gaullistes les résultats qu'ils espéraient, avec 37,75 % au premier tour et 46,33 % au second. Du coup, le gouvernement du Premier ministre, Georges Pompidou, se livre à des joutes politiciennes façon *Game of Thrones*. Ce qui l'amènera, lors de son discours à l'Assemblée nationale en avril, à citer le hit dutronnesque avec cette splendide formule : « J'ai appris que dans la vie gouvernementale, il y a aussi des cactus. »

Doté d'un sens de l'humour certain, Pompidou invite Dutronc à Matignon le temps d'une soirée au cours de laquelle le chanteur va bien sûr interpréter « Les Cactus ». Taquin, Jacques en profite pour semer la confusion en accélérant le morceau, jusqu'à le rendre méconnaissable. Brigitte Bardot, également présente, supplie Françoise Hardy de demander à son mari de ralentir le tempo. Peine perdue : « Je suis le cactus de Pompidou », aurait déclaré par la suite le chanteur espiègle.

On réentendra cet hymne qui ne manque pas de piquant en avril 1993, sur la scène de l'Olympia, où Vanessa Paradis fait une escale pendant sa tournée. Ce sera l'une des trois reprises de son album *Live* aux côtés de « I'm Waiting for the Man » de Lou Reed et de « As Tears Go By » des Rolling Stones.

Morceau étendard des concerts de Dutronc, « Les Cactus » sera joué à presque toutes les représentations, des débuts jusqu'à la tournée avec son fils Thomas, en 2022, en passant par le come-back de 1992. Et il est entré dans l'inconscient collectif, comme en témoigne cette réflexion du rappeur JoeyStarr : « J'avais rentré tous mes cactus vu qu'on était en hiver, et la première chose que m'a dite mon fils de 8 ans en arrivant dans mon salon, c'est : "Papa, dans la vie, il y a des cactus." Mon gosse de 8 ans qui a cette référence-là ! »

La relation entre Dutronc et son auteur est différente de celle entre Souchon et Voulzy ou Bashung et Bergman :

les deux hommes s'estiment mais n'ont pas d'affinités amicales. Alain Chamfort : « Jacques Lanzmann passait parfois en studio, et souvent on dînait ensuite tous ensemble. Wolfsohn faisait des grandes tables dans je ne sais plus quel restaurant, et Lanzmann était souvent là. Je me souviens d'avoir été en week-end dans sa maison de campagne, en Normandie, je ne sais plus pour quelle raison. À l'époque, il était déjà avec sa femme, Anne Segalen. C'est étrange car, finalement, il n'y avait pas vraiment de complicité dans la relation entre Dutronc et Lanzmann. C'était surtout Wolfsohn et Lanzmann qui se connaissaient. Wolfsohn avait compris la capacité de Lanzmann à écrire des chansons. Il les a transmises à Dutronc pour qu'il les mette en musique. Il ne faut pas oublier que, au départ, Wolfsohn cherchait un interprète. Il a essayé avec Hadi Kalafate… Je pense que Hadi avait envie de chanter. Il a essayé, mais c'est vrai que la personnalité de Jacques n'était pas comparable. Pourtant, Jacques a fait ça un peu en s'en foutant. Il ne s'y voyait pas du tout, ce n'était pas son truc. Et il a conservé cette attitude-là. C'est ce qui est amusant. Moi qui étais jeune, qui étais derrière lui, je l'observais, je voyais qu'il ne se considérait pas comme un chanteur et n'avait pas l'attitude d'un chanteur. Il trouvait ça ridicule de chanter une chanson. »

Cette nonchalance apparente deviendra la marque de fabrique du dandy crooner Jacques, qui va bientôt adopter un « uniforme » unique – Ray-Ban® mercure et gros cigare –, tels Gainsbourg et ses Repetto ou Coluche et sa salopette.

« LA FILLE DU PÈRE NOËL »

NOËL AU BALCON, JACQUES EN MODE SÉDUCTION

« De battre mon cœur s'est arrêté
Sur le lit, j'ai jeté mon fouet »

Noël bondage avec ce conte en chanson gentiment SM qui n'oublie pas pour autant la notion de consentement. Un des classiques de l'année 1966, celle qui vit l'avènement de Jacques, chanteur pas comme les autres, et de Jacques, son *sidekick* parolier. Ça change de Mireille Mathieu et de Claude François.

Jacques Audiard a-t-il écouté « La Fille du Père Noël » au moment de choisir le titre de son thriller huit fois césarisé en 2005 ? Si l'inversion sémantique à la Yoda de *Star Wars* – que l'on nomme chiasme, une précision utile pour ceux qui veulent briller dans les dîners mondains – donne du rythme à la phrase « De battre mon cœur s'est arrêté », Lanzmann y ajoute une pincée de SM *light* et, comme à son habitude, une bonne dose d'humour. Sur un riff de blues, Dutronc raconte l'étrange histoire de la fille d'un Père Noël qui rencontre le narrateur, Jean Balthazar, lui-même fils du

Père Fouettard. Interviewé à l'époque de la sortie du single, Dutronc avouait « avoir arrêté de croire au Père Noël le jour où, dans une galerie marchande, il m'a demandé un autographe ».

Une chanson de Noël pour adultes car il y a, de la part du parolier, une volonté délibérée de sexualiser le tableau traditionnel de la cheminée… et de transformer la jeune héroïne en pin-up de calendrier, ce qui explique qu'elle soit « toute nue dans mes grands souliers ». Rappelons que, en 1966, nous sommes dans la queue de comète de la libération sexuelle et qu'il est de bon ton d'exhiber des héroïnes ultra érotisées. Marie-Noëlle est la cousine de Brigitte Bardot et de deux femmes fortes issues de la bande dessinée : Pravda la Survireuse de Guy Peellaert – calquée sur Françoise Hardy ! – et Barbarella, créée par Jean-Claude Forest en 1962 et incarnée à l'écran par Jane Fonda sous la direction de Roger Vadim, en 1968. N'oublions pas que Jacques Lanzmann s'y connaît en filles légèrement vêtues puisqu'il est le rédacteur en chef de *Lui*, magazine de charme qui mixe entretiens politiques et femmes peu frileuses.

Le texte jongle avec les références bibliques en évoquant la Nativité : « Elle s'appelait Marie-Noëlle », en référence à la Vierge Marie qui donne naissance à Jésus, « Je m'appelais Jean Balthazar », en référence à l'un des trois rois mages qui rendent visite au divin enfant dans la fameuse étable de Bethléem. Balthazar dont l'iconographie sacrée nous rappelle qu'il avait la peau noire et venait de l'Afrique subsaharienne.

Alors pourquoi le Père Fouettard, personnage qui tombe comme un cheveu dans la soupe puisqu'il n'a aucun lien avec le récit de la Nativité ? Tout le monde le sait, le Père Fouettard, c'est l'acolyte de saint Nicolas. Ce qui intéresse Lanzmann dans le personnage, c'est son fouet. Il faut reconnaître à Dutronc et à Lanzmann, cinquante-six ans avant #MeToo, leur respect de la notion de consentement. Dans la chanson, la fille du Père Noël, toute nue, s'est en fait trompée de cheminée. Dutronc chante : « Je prends la fille dans mes bras/ Elle me dit “Mais non, Balthazar/ Ne fais donc pas le fier-à-bras/ Je suis tombée là par hasard. » Le personnage de la chanson aurait pu abuser de la fille, mais il réplique : « Descendue chez moi par erreur/ Elle était là dans mes souliers/ Et comme je ne pouvais prendre son cœur/ Je l'ai remise sur le palier. » Correct.

Alain Chamfort, qui a participé à l'enregistrement de cette chanson, se souvient d'une session plutôt rapide : « On n'a pas interprété énormément de versions, je dirais trois ou quatre prises, il y avait un son assez compact. Je n'ai jamais retrouvé ce son avec aucun autre artiste. Antoine enregistrait avec d'autres musiciens et c'était différent. Ce truc dutronnesque, c'était à part. Une espèce d'ensemble bizarre mais très efficace. »

En pleine explosion punk, le groupe Bijou, mené par le chanteur guitariste Vincent Palmer, livrait en 1977 une impeccable version du titre sur leur premier album *Danse avec moi*. En 2019, sur la compilation double CD *Joyeux Noël* dont les bénéfices revinrent au Secours Populaire, Clara Luciani ouvre le bal avec sa version de « La Fille du Père Noël » en inversant les prénoms. Cette fois, c'est Clara Balthazar qui rencontre Martin-Noël. Clara Luciani se rapprochera de la smala Dutronc un an plus tard avec sa reprise en duo avec Thomas Dutronc de la chanson « Le Premier Bonheur du jour », créée par Françoise Hardy en 1963.

Le fils de Jacques est tombé sous le charme de la jeune chanteuse : « La première fois que j'ai entendu Clara Luciani, j'ai été séduit par ses mots, sa musicalité, son timbre. Mais aussi par son élégance et sa force qui semblent nées d'une fragilité désarmante. J'avais envie de reprendre une chanson de ma mère et j'ai pensé à elle pour ce rôle délicat. Je trouve le résultat très beau, pur, brut et nuancé à la fois. C'est grâce à Clara, et à sa voix bien à elle, pleine de caractère, qui nous touche. »

Morceau classique de Dutronc, « La Fille du Père Noël » ne doit pas être confondu avec la panouille américaine du même nom – *Twice Upon a Christmas* en VO, long-métrage réalisé en 2001 par Tibor Takács – ni avec l'autre homonyme – *Santa Baby* en VO, un téléfilm de Ron Underwood avec la starlette Jenny McCarthy, sorti en 2006.

Pour Dutronc, le plus beau souvenir de Noël reste sûrement ce soir de décembre 1969 – Jacques a des doutes sur l'année – durant lequel il se retrouve à Mexico. Il raconte l'histoire sur France Inter en 2017 : « J'ai gagné un concours de pets. J'avais des concurrents sérieux, et j'ai gagné. Ça a été vérifié, pas de dopage, et c'était le soir de Noël. Je ne sais pas si c'était en 1969, je crois que c'était avant. Effectivement, c'était à Mexico. On ne savait pas quoi foutre, tout le monde beuglait "Joyeux Noël" partout en espagnol, "Feliz Navidad", ça doit pas être ça, bon. Je voyais ça partout, j'avais une caméra Beaulieu, j'avais tout du touriste. L'autre concurrent, c'était Jean-Marie Périer. Il y avait le génial Régis Pagniez [directeur artistique des éditions Filipacchi]. Eux devaient voyager quand même plus que moi ; moi, c'était la première fois que j'allais plus loin que la rue de Provence, Acapulco et tout ça. Donc, à Mexico, le soir de Noël, que faire ? J'ai dit : "Ben y a qu'un truc, c'est un concours de pets", et c'est ce que nous avons fait. Mais, malheureusement, la cassette a disparu. Je ne sais pas si un mec l'a volée, dans le genre il y a de la musique, mais il a dû être déçu, il a dû la jeter. C'est con parce que ça fait des souvenirs. Je n'irais pas jusqu'à dire que ça laisse des traces, mais… »

« LA COMPAPADÉ »

CONTRESENS INTERDIT

« Alors là, encore plus
Plus musclé ! »

Voilà l'un des rares morceaux des débuts dont Lanzmann n'a pas écrit les paroles. Logique : il n'y en a (quasiment) pas, ce groove de la jungle étant plus une invitation à la folie partagée, née dans le chaos en studio pour continuer à vivre sur la scène, avec la participation bénévole du public, qui s'est même parfois barré avec les percussions qu'on lui avait prêtées.

La collaboration avec Jacques Lanzmann n'a pas été un long fleuve tranquille, plutôt l'Amazone à la saison des pluies. « Je modifie souvent les textes de Jacques », a déclaré Dutronc, « parce qu'il n'a pas toujours eu le génie de mettre les pieds où il fallait. Enfin, quand je dis les pieds, je parle des vers. »

Est-ce le cas ici ? Que penser de ce pied de nez à la chanson classique, véritable délire rythmique dont le non-sens préfigure les non-paroles de « Merde in France » ?

La meilleure réponse serait « rien », mais ce serait passer à côté du délire communicatif qu'il engendre en concert. Lanzmann n'écrit pas, Dutronc est l'unique signataire de ce cri de guerre. Et du coup, libéré du joug de son parolier, il devient un Tarzan délirant, éructant ses onomatopées sur un afrobeat blindé. On ne peut s'empêcher de se souvenir que, deux ans avant ce titre barjo, sortait *Gainsbourg Percussions*, le LP de Serge qui pompait allègrement le percussionniste nigérian Babatunde Olatunji avec l'audace et le flair de Malcolm McLaren, l'agitateur et manager des Sex Pistols, qui fit de même vingt ans plus tard avec la musique sud-africaine. Amusant de penser que ce groove africain réduit aux acquêts est finalement un des premiers points de rencontre entre Jacques et Serge.

Un play-back de « La Compapadé », filmé en 1966 par la RTS, montre Jacques et son groupe en haut d'un immeuble moderne, tandis qu'une poignée de femmes fans dansent sur le trottoir. Dans le podcast France Inter « Dutronc et l'humour », la chanteuse Zouzou se souvient des origines de ce dahu rythmique : « Ce soir-là, je ne sais pas ce qui leur est passé par la tête, parce que c'est vraiment un truc de fou dangereux qui commence. Dutronc a commencé à faire "La Compapadé", les gens ont fait "ah, ah", et puis le bruit est monté, tout le monde a attrapé des instruments, on tapait sur n'importe quoi de plus en plus fort, et quand on arrivait au paroxysme du boucan, on recommençait de zéro. Il y avait Chamfort, Puterflam, Kalafate, tous les gens qui pouvaient être dans le coin étaient réquisitionnés pour faire les dingues. Je pense qu'il y avait même des gens des Charlots ou je ne sais quoi qui avaient dû atterrir là. C'était un vaste bordel, et ça a duré très, très tard, on a dû finir à 4 heures du matin. Le lendemain, il y a eu des plaintes, alors que le studio était insonorisé. On n'avait pas conscience que ça allait devenir une chanson mythique. Comment on peut deviner que ça va devenir culte quand on tape sur des casseroles ou quand on attrape un vieux bout de bois pour taper sur un piano de toutes ses forces en faisant “ah ah” ? » Zouzou ne fournira pas d’explication sur le sens de cette chanson : « Ce sont des onomatopées de Dutronc ! »

La version de cette jam nonsensique du concert filmé en novembre 1992 lors de la série de shows au Casino de Paris est présentée par le chanteur comme un moment de communion avec le public : « Je crois que ça va être à vous de jouer maintenant, chacun son tour si c’est possible ! Alors on va vous distribuer quelques accessoires qui sont destinés à faire du bruit. Si vous n’en avez pas, servez-vous de vos mains, celles du voisin ou de la voisine. Allons-y ! Et prenez exemple, ils sont déjà debout là-haut ! » Complice de ce grand moment, un chanteur et danseur noir, que Dutronc appelle « Jojo », glisse des *lyrics* en créole pendant la première partie du morceau, puis, à l’invitation du chanteur, se lance dans un numéro de claquettes avant de livrer une chorégraphie acrobatique avec grand écart, sous le regard hilare du bassiste Bernard Paganotti. « Ça a l’air de vous plaire, je vous le laisse, au revoir ! » Avant de revenir une minute plus tard pour conclure l’affaire, et s’éclipser finalement sur un lapidaire « Bonsoir, à demain ». Un happening qui dut être quelque peu minoré lors des représentations ultérieures, le régisseur s’étant aperçu qu’une bonne partie des instruments distribués au public étaient devenus des souvenirs pour les fans, trop contents de revenir d’un concert de Dutronc avec un tambourin, des castagnettes ou une casserole avec sa cuillère. Dur métier.

Dans son livre *Intime, anti-biographie musicale* paru en 2015 au Cherche Midi, Chamfort se souvient d’avoir interprété avec Jacques une version « délirante et interminable » de ce titre hors norme devant Brigitte Bardot et Georges Pompidou, alors Premier ministre du général de Gaulle : « Ils étaient médusés, outrés. Je me souviens que Pompidou est venu nous dire au revoir alors que nous étions affalés dans les canapés, et nous avons lancé un “Salut”. C’était, du coup, très rock and roll ! »

« MINI, MINI, MINI »

QUESTION DE TAILLE

« Il est mini, docteur Schweitzer »

« *Size ain't shit* » – « la taille, on s'en bat les couilles » –, rappait Bushwick Bill, le nain difforme des Geto Boys. Pour Dutronc, tout est affaire de volume dans cette création aussi brève qu'une chanson des Ramones – 1'52" au compteur – qui cite le docteur Schweitzer, la voiture britannique Mini Moke et la mini-jupe, accessoire symbolique d'une révolution sexuelle en marche.

Parmi les reprises des hits de Dutronc, c'est bien celle de « Mini, mini, mini » par le groupe industriel électro allemand KMFDM qui est la plus inattendue. Dans un français impeccable, le chanteur Sascha Konietzko livre une version choucroutisée du titre écrit par Lanzmann mais transforme la composition de Dutronc en un apfelstrudel indus' électronique à forte teneur en décibels. Lio l'a également reprise en 1998 sur la compilation hommage *Ils chantent Jacques Dutronc*. Plus anecdotique, on en entend un extrait dans le « Medley Miss Restos » des Enfoirés en 2007.

La version originale, qui n'a pas été sélectionnée dans la setlist des concerts *Dutronc & Dutronc*, fait partie des toutes premières du répertoire, comme s'en souvenait son interprète, en mai 1971, lors d'une interview donnée à Charlotte Ruphi sur la RTS (Radio Télévision suisse) : « J'ai servi admirablement sous les drapeaux, mais je faisais encore de la guitare. Je faisais les bals des officiers et sous-officiers, et je jouais n'importe quoi. Vu leur état à 5 heures du matin, ce sont de véritables Spontex ! C'était pas très drôle. Au départ, c'était bien de faire de la musique, mais les sous-officiers à 5 heures du mat', c'est dur. Bon, retour du service militaire, je refais des chansons pour Françoise Hardy, et après, je joue avec Eddy Mitchell très longtemps. J'abandonne, je rentre dans une édition, Vogue, je fais un tas de chansons, et là, je rencontre Lanzmann, un ami de mon directeur artistique actuel, qui était à cette époque-là directeur des éditions. Et nous commençons à faire une chanson tous les deux avec une autre personne, et la chanson marche comme ça comme ça. Et Lanzmann, ça commence à l'intéresser de faire des chansons. Ça le faisait rire, au départ. Je lui dis : “Continue, continue, tu te débrouilles, il m'en faut une pour dans huit jours, on va la placer à quelqu'un, c'est bien, etc.” J'ai reçu quatre chansons, c'est-à-dire “Et moi, et moi”, “Mini, mini”, “J'ai mis un tigre dans ma guitare” et puis “Les gens sont fous”. Donc, je fais la musique, et pour présenter une chanson à quelqu'un, maintenant, on l'enregistre le mieux possible, on fait une maquette sur un magnéto, sur une belle bande. Parce qu'il y a quelques années, c'était quand même la vieille pianiste et on était à côté “Ahahaha”, c'était un peu terrible. Donc, j'enregistre ces chansons moi-même. Je les donne à mon éditeur qui me dit : “Mais pourquoi tu ne les chanterais pas ? Ce serait drôle.” Je dis d'accord, d'autant qu'à l'époque, c'était la mode des cheveux longs, à bas les bourgeois, on est tous jeunes, etc.

Alors que moi j'avais les cheveux super rasés, je faisais petit comptable. Et hop, j'ai sorti le disque. Les gens me voyaient à la télé et ils disaient : "Oh, il a l'air bien ce petit, il est propre, il a les cheveux courts." Ça a marché. » Quand la journaliste le relance en lui demandant depuis combien de temps ça dure, Dutronc répond : « Ça fait presque cinq ans maintenant. Et c'est pas fini. Ça dépend de vous, hein ! Moi, je… » On connaît la suite.

Les *lyrics* de ce mini-hit sont l'occasion pour Lanzmann d'explorer les rivages du son par opposition à ceux du sens. Le texte est construit autour de quatre phrases : « Tout est mini dans notre vie », « Il est mini, docteur Schweitzer », « Ça manque d'air », « Moi, je préfère les maxis ». Le reste du texte n'est que l'accumulation de mots en opposition (« Mini-moche et Lilliput », « Maxi-moche et maxi-pute »). Certains mots sont même carrément inédits : qui sait ce qu'est un termaxus ? Et un maxistère ? En 2012, la cancérologue et femme politique Michèle Delaunay, qui fut brièvement ministre déléguée aux Personnes âgées, utilisait ainsi ce dernier terme sur son blog : « La question de l'âge et du grand âge touche cent pour cent des Français. Pas une famille qui n'y échappe, pas un Français qui ne s'en préoccupe. Conséquence de la conséquence : mon ministère est, entre tous, un maxistère. » Preuve qu'il reste toujours des traces de Dutronc dans la vie politique française, de Pompidou à Delaunay. Eh ouais.

« ON NOUS CACHE TOUT, ON NOUS DIT RIEN »

SECRET DÉFONCE

« Socrate a-t-il bu sa ciguë ?
L'aventure est-elle au coin de la rue ? »

En ces temps où des sceptiques doutent de la rondeur du globe ou de l'alunissage de la mission Apollo, il est agréable de réécouter ce titre d'une actualité brûlante, pourtant écrit en 1966. Comme « Le Monde de demain » de NTM dans le rap, « On nous cache tout, on nous dit rien » traverse les décennies et ne se démode pas, preuve que la théorie du complot ne date pas d'hier.

Voilà une phrase qui est devenue l'accroche favorite des éditorialistes dès qu'il s'agit d'évoquer les théories du complot qui pullulent en ces temps de doute médiatique. Mais avant d'effectuer un flashback dutronnesque et de (re)plonger dans la folie de cette année 1966 qui vit la sortie de l'insolent « On nous cache tout, on nous dit rien », petit rappel historique.

1966, le président de la République se nomme Charles de Gaulle, le général, sauveur de la France libre, mais plus que tout patriarche. Un petit père des peuples version camembert, en somme. Le Premier ministre, Georges Pompidou, 55 ans, ambitieux et progressiste, regarde passer les balles. La France se retire du commandement de l'OTAN et le général rend à la Russie communiste une visite de courtoisie. Le printemps voit fleurir des grèves dans la métallurgie, les chantiers navals et chez Air France. Lelouch présente *Un homme et une femme* à Cannes – il obtiendra la Palme d'or – et, à Noël, Gérard Oury sort *La Grande Vadrouille*.

Si la presse écrite se veut libre, ou presque, il n'en est pas – mais alors pas du tout – de même pour la télévision. Du premier JT, en juin 1949, jusqu'à la création de l'ORTF (Office de radiodiffusion-télévision française), le 27 juin 1964, l'audiovisuel français est complètement verrouillé par l'État. Rien ne peut se dire à l'antenne sans l'aval du ministère de l'Information, même le contenu des émissions est supervisé par le Service de liaison interministériel.

Avec la création de l'ORTF, ce sont deux chaînes de télé et quatre de radio qui vont en dépendre. Six médias qui, même s'ils ont plus de liberté éditoriale, n'en demeurent pas moins aux ordres du général et de son gouvernement.

Mais impossible de lutter contre l'histoire. La guerre d'Algérie – et son lot de censures – est passée par là, et toute une génération – les fameux « boomers » – a ouvert ses chakras. Parfois à leur insu, les fameux yéyés viennent de faire découvrir aux jeunes une porte vers une musique et un état d'esprit différents. Les contestataires ont désormais une voix, celle de la pop et de quelques chanteurs de folk venus des États-Unis, suivez mon regard. En résumé, et à juste titre, la presse grand public et la télévision encore plus sont soupçonnées d'omettre certaines informations, voire – pis – de les censurer.

C'est dans ce contexte et alors qu'il est en train de littéralement « exploser » médiatiquement que Dutronc entre en studio à l'automne 1966 pour mettre en boîte une série de chansons. De ces sessions sortiront « Les Play-Boys » et « La Fille du Père Noël » – soit deux morceaux qui gravitent dans l'univers ironique et cynique des deux Jacques –, mais aussi deux autres que l'on qualifiera de plus... concernés.

Tout d'abord, « Sur une nappe de restaurant », dont le texte se passe de commentaire : « Sur une nappe de restaurant/ J'ai écrit cette chanson/ En pensant à tous les gens/ Qui ne mangent que du plancton/ [...] Dans ma voiture de champion/ J'ai fredonné cette chanson/ En pensant à tous les piétons/ Qui n'ont pas quelques millions/ [...] Et en vacances sur la Côte/ J'ai écrit cette chanson/ Pour tous ceux qui côte à côte/ Nagent dans une cuve en béton ».

Et l'autre ? « On nous cache tout, on nous dit rien ». Entraîné par un rythme effréné semblable à celui de « Mini, mini, mini », Dutronc balance de sa voix nonchalante une litanie, parfois burlesque, d'informations dont nous ne disposons pas. Dans cette chanson ultra dansante, il est question de théorie du complot, ni plus ni moins, mais avec l'habituel décalage sarcastique dutronnien. On passe du roi Dagobert à l'affaire de l'homme au masque de fer, du nombril d'Adam à la ciguë de Socrate, avec, en guise de conclusion, un délicieux et très irrévérencieux pied de nez : « Colin-maillard et Tartempion/ Ce sont les rois de l'information. »

La chanson est évidemment martelée en masse sur les ondes radio et télévisuelles. Dutronc, impeccable dans son joli costume, comme un Ésope ou un La Fontaine en leur temps, a su dénoncer sans en avoir l'air. Et, surtout, sans subir la moindre attaque de la censure.

Exactement comme une génération entière née durant les *sixties* a pu croire que « L'Opportuniste » était une chanson sur l'époque contemporaine lorsque Indochine la reprend sur son premier album, en 1982, il peut sembler judicieux d'imaginer que si, aujourd'hui, un Lomepal ou autre Julien Doré reprenait à son compte « On nous cache tout, on nous dit rien », un bon tas de jeunes – et sans doute aussi quelques contestataires en carton des réseaux sociaux – trouveraient ces propos tout à fait pertinents et d'actualité. Et ce n'est ni Tartempion ni Colin-maillard qui pourront dire le contraire…

« LES GENS SONT FOUS, LES TEMPS SONT FLOUS »

DINGODOSSIER DUTRONNESQUE

« Ils sont là comme des toutous
De Paris à Tombouctou »

Confirmation de la dinguerie Dutronc avec ce titre explicite qui tient ses promesses et voit son interprète partir en vrille sur une rythmique acid rock peu commune en ces temps reculés où la variété française préfère se la jouer plan-plan. Une chanson extravagante accompagnée d'une vidéo gonzo.

1966 est décidément une année charnière pour Dutronc, qui entre deux sessions chez Vogue trouve le temps d'enregistrer des chœurs pour… Pierre Perret, dans le morceau « Les Jolies Colonies de vacances ».

Bientôt, il sera au centre de l'attention grâce à sa série de tubes, une dizaine de chansons classées dans les hit-parades en quelques mois. Dans un des multiples EPs rassemblant ses hits, un biographe lyrique dit ceci : « Car enfin on a déjà vu des réussites, des triomphes, même, mais ceci… Un garçon inconnu qui, en quelques semaines, couronne tous les hit-parades de France, détrône les idoles, pulvérise les records de ventes. Un garçon inconnu dont la photo trouve tout de suite sa place dans les sacs de toutes les jeunes filles, sur les murs de tous les garçons. Y a-t-il un secret ? Ce secret, peut-être est-il dans la musique de Jacques Dutronc, cette musique qu'il ne compose pas en alignant des notes sur une portée mais qu'il vous communique, comme s'il vous parlait. [...] Peut-être est-il dans sa collaboration avec Jacques Lanzmann, que Dutronc a eu la chance de rencontrer. Jacques Lanzmann, vous le connaissez tous. Sa langue si claire, si incisive, ses mots qui frappent juste ont fait le succès de ses livres. Et le miracle a lieu, leurs goûts sont les mêmes, les mêmes événements les touchent, ce qui inspire une musique à Dutronc suggère un poème à Lanzmann. Et musique et paroles sont si spontanées, si unies, qu'on ne peut plus les séparer. [...] Peut-être aussi le secret est-il en Jacques Dutronc lui-même. Comment ne pas être sensible à son charme, à son sourire de jeune loup ? Comment ne pas aimer cet humour qu'il met en tout, ne pas s'amuser de tout avec lui, même des tragédies, puisqu'il nous montre qu'on peut les ressentir sans grandiloquence ? Comment ne pas admirer cette décontraction que nous recherchons tous, cette souplesse féline, qu'il partage avec le fidèle guépard, qui ne le quitte pas ? Peut-être le secret est-il tout cela ensemble. Et peut-être n'y a-t-il pas de secret, n'y a-t-il que du talent ».

Un riff de guitare sale et vaguement distordu accompagné d'un tambourine frénétique donne le ton, on est dans l'obédience anglo-saxonne, entre Kinks et rock garage, avec quand même cette voix en avant dans le mix qui nous rappelle qu'on est en France, le pays du texte roi. Comme un exercice de style, la rime en « ou » – manitou, pioupious, Tombouctou – domine ce texte qui, en creux, tourne en dérision les modes éphémères et les gadgets inutiles.

Un dazibao contre la société de consommation ? N'allons pas jusque-là : Lanzmann s'est contenté de coller quelques rimes en apparence faciles et de jouer avec le non-sens, ce qui convient parfaitement à Dutronc, qui va chanter ce titre dans un Scopitone promotionnel parfaitement stupéfiant. On y voit Dutronc faire le Jacques comme jamais. Dans son costume noir, cravaté, cheveux en bataille, il danse sur fond blanc face à un caméraman qui le colle de près. Il louche, prend la pose, fixe la caméra tel un possédé, se met les doigts dans le nez et roule en boule ce qui en sort, c'est le grand n'importe quoi jubilatoire, entrecoupé de manchettes absurdes sorties de journaux à scandale aux titres aussi drôles que surréalistes : « La paroissienne apporte son pot-au-feu à l'église et fait bouillir son missel » ; « Le patron enfourne et fait cuire son employé enduit de minium » ; « Un chirurgien anglais utilise la culotte d'une infirmière pour recoudre un opéré » ; « Son mari se prenait pour un cheval, elle obtient le divorce » ; « Il se trompe de porte et travaille pendant deux ans dans un autre service » ; « Le cadavre d'un cycliste continue de rouler à bicyclette » ; « Un mort se réveille et prend la fuite en hurlant » ; « Un fermier sud-africain donne le jour à une petite autruche » ; « Pour rendre sa femme folle, il peuplait la maison de cadavres. Elle garde sa raison, il la tue » ; « Dix heures après sa mort, elle revient de la morgue à l'hôpital ».

Final en forme de happening : alors que la musique s'est tue, Jacques, qui a tombé la veste, regarde la caméra et déclame un texte *a capella* : « Les gens sont tellement fous que, maintenant, ils se mettent à parler à une rose. Mieux, ils s'imaginent même que la rose est une amie et qu'elle leur paaaaaaarle ! », le dernier mot étant prolongé en imitant un âne qui brait. La conclusion de trois minutes quinze de folie exécutées par un sniper du rock qui dynamite les clichés.

En 2021, Jarvis Cocker, chanteur excentrique et lyriciste du deuxième album de Charlotte Gainsbourg, *5:55*, reprend ce track sur son album hommage à la chanson française, *Chansons d'Ennui Tip-Top*. Dans un style musical distordu plutôt conforme, le leader de Pulp retrouve la dinguerie de Dutronc et ajoute son léger accent à cet hommage inattendu paru cinquante-trois ans après la version originale.

Un tube, « Les gens sont fous » ? Que nenni : une nouvelle preuve de la communicative folie d'un chanteur décidément hors norme.

« J'AIME LES FILLES »

GENTLEMAN DRAGUEUR

« Si vous êtes comme ça
Téléphonez-moi »

Et hop, encore un classique. Avec ce splendide titre qui annonce sa reconversion en crooner après des débuts british rock, Dutronc s'impose définitivement comme un incontournable. Langoureuse mélodie nappée de violons, second degré textuel – et plus si affinités : de quoi rester, plus d'un demi-siècle après sa création, la boussole du séducteur moderne.

Un an après ses débuts, Dutronc carbure toujours au super : « J'aime les filles » prend la pole position des ventes de 45 tours en mai 1967, et, contrairement à bon nombre de ses confrères, son interprète fait l'impasse sur les tee-shirts *tie dye* et les fleurs dans les cheveux. Lui, c'est costume trois-pièces sur mesure – chez Auld Reekie, place Saint-Augustin, apprend-on dans le magazine *Salut les copains* –, ce qu'il appelle « le look de petit comptable » qui fait de lui le légendaire gendre idéal.

Chanson d'amour ? À la sauce Dutronc-Lanzmann alors, car, comme le répétait volontiers Jacques D. en interview à l'époque de sa sortie, « l'amour, c'est comme la guitare. Si on veut être un crack, il faut le faire cinq heures par jour. C'est épuisant ». Construit autour d'une anaphore – la répétition de la phrase « J'aime les filles », à vingt-quatre reprises –, le texte est un petit bijou, élégant et malin, une lettre adressée aux femmes du monde et à celles qui travaillent, aux bourgeoises comme aux bosseuses.

Stomy Bugsy, grand fan de Dutronc, a une affection particulière pour ce titre irrésistible : « "J'aime les filles" me parle comme jamais. En plus, il parle des filles de chez Castel. Chez Castel, j'ai une planque que personne ne connaît : il y a un escalier secret avec une porte que personne ne voit, une porte cachée qui n'a pas de poignée pour rentrer dans les escaliers, et que moi je sais ouvrir. Pendant que tout le monde s'amuse dans la boîte, je rentre dedans. J'y rentre seul. Pour méditer ! *(Rires)* Chez Castel, je pense tout le temps à Dutronc. » Castel, en 1967, c'est l'endroit où il faut être vu quand on fait partie de l'intelligentsia. Dans ce club sélect situé rue Princesse, à Saint-Germain-des-Prés, on y croise aussi bien la top model Anita Pallenberg accompagnée des Rolling Stones que l'écrivain Jean-Jacques Schuhl, l'actrice Bulle Ogier, mais aussi Amanda Lear, Zouzou, Claude Brasseur, Catherine Deneuve, Brigitte Bardot, Françoise Sagan… et Françoise Hardy.

Alain Chamfort, clavier de Jacques pendant les *sixties* et qui signe l'intro au piano, confirme que le texte de ce morceau, comme tous ceux qui ont été écrits par Lanzmann, a vu le jour avant la composition de Dutronc. « Ce n'est jamais Lanzmann qui apportait des mots sur des musiques qui auraient été composées précédemment. Ça n'est pas toujours facile de trouver une mélodie qui non seulement va respecter la structure du texte mais restera quand même une mélodie agréable, facilement chantable et mémorisable. Il a eu l'occasion de le faire. Il aimait beaucoup les mélodies un peu jazz, comme "J'aime les filles", et il était très inspiré par Dean Martin et sa façon de chanter. C'était un peu son modèle d'inspiration. »

La version crooner gothique de Julien Doré sur l'album hommage – encore un ! – titré *Joyeux Anniversaire, M'sieur Dutronc* s'éloigne de l'esprit original de la chanson, Doré apportant un regard nouveau plutôt que de se contenter d'une servile imitation.

Le 27 septembre 2016, lors de la fête pour les cent ans de la marque de lingerie Etam au Centre Pompidou, Dutronc fait une de ses rares apparitions live, très à l'aise, entouré de jolies filles en sous-vêtements, pour un mini-concert incluant évidemment « J'aime les filles », aux paroles modifiées : « J'aime les filles habillées par Etam/ J'aime les filles déshabillées par Etam. »

Interviewé par *Le Parisien*, il commente la plastique des mannequins et assure le service après-vente : « Elles sont un peu dénudées… Elles sont toutes belles ! Grâce à Etam, bien sûr. J'ai reconnu la fille de ma concierge, bon, c'est vrai qu'avec Etam, elle faisait de l'effet », lâche, goguenard, le Jacques face caméra.

C'est au cours du dîner Chez Georges, au sixième étage de Beaubourg, que le chanteur croisera JoeyStarr et réitérera ses compliments sur sa reprise de « L'Idole ». Un souvenir perdu dans la mémoire gruyère du rappeur : « Vous savez très bien que je fonds volontairement des neurones à la journée ! Non, je ne m'en souviens pas. Mais ça me ressemble assez. »

« LA PUBLICITÉ »

PSCHITT, ZOOM, BOOM BOOM !

« Je roule et roucoule pour vous
Je suis le cactus de Pompidou »

En 1967 paraît le titre « La Publicité », qui fait l'objet d'un 45 tours quatre titres. La chanson positionne Jacques Dutronc en franc-tireur du monde de la pop. Encore une fois, le chanteur déboule là où on ne l'attend pas.

« Il est super bon en interview. En plus, comme il a travaillé dans une maison de disques avant, il a le sens de la promotion et du business. Ce n'est pas juste un artiste. » Quelle meilleure illustration de la versatilité de Dutronc que ce commentaire du rappeur-gangster d'amour Stomy Bugsy ? Car « La Publicité », coécrit par Lanzmann et son épouse Anne Segalen, est un texte brillant, une madeleine de Proust pour ceux qui ont vécu la fin des *sixties*, avec des références aux publicités de l'époque pour la lessive Génie sans bouillir, la poudre à récurer Ajax – d'où le « vif comme une tornade blanche » –, les bonbons Pschitt, les Treets – ancêtres des M&M's, qui « fondaient dans la bouche, pas dans la main », disparus en 1986 –, les piles Wonder – qui « ne s'usent que si l'on s'en sert » – et bien sûr les caramels Dupont d'Isigny, ici customisés en « Dutronc d'Isigny ». « La jouvence de vos sourires » ? C'est le détournement d'un médicament à base de plantes, la Jouvence de l'Abbé Soury, très populaire dans les années cinquante-soixante. Référence plus complexe à décrypter, « L'échelle que j'aime, c'est l'escabeau » détourne le slogan des stations-service Shell, créé en 1958 : « C'est Shell que j'aime ».

« Certaines personnes m'ont dit que mon père était le premier à avoir fait des slogans publicitaires », estime David Lanzmann, fils de Jacques. « C'est vrai qu'il y a un côté slogan. Ça percute, et je pense que c'est la raison pour laquelle ça a autant marqué l'époque. »

Madjid Benaroudj, alias « Maître Madj », qui a travaillé avec le groupe de rap français Assassin au milieu des années quatre-vingt-dix, se souvient de la puissance du son Dutronc et de sa rythmique : « J'avais ramené à Assassin quelques idées de samples, des roulements de caisse claire sur les 45 tours de Jacques Dutronc époque Jacques Lanzmann. Il n'y avait tellement rien à l'époque, tout le monde était à l'affût de toutes sources de samples, et j'avais un peu de disques. »

L'influence de Dutronc dans le monde de la pub est confirmée par de multiples spots publicitaires : ainsi, la mélodie de « J'aime les filles » a été utilisée pour la pub des gnocchis à poêler Lustucru et pour le shampooing Jacques Dessange. La chanson devient même la déclaration de coming-out d'une jeune fille lesbienne à ses parents dans la pub Amazon Echo.

« Et moi, et moi, et moi » illustre, dans des versions aux paroles tronquées pour l'occasion, les produits alimentaires Le Gaulois et l'agence immobilière Guy Hoquet. « Il est cinq heures, Paris s'éveille » est utilisée comme bande-son pour la pub de la Renault Mégane et « Fais pas ci, fais pas ça » pour les sous-vêtements Petit Bateau. Enfin, Léa Seydoux est la femme de rêve du long spot pour l'eau Prada Candy au son de « L'Idole ».

« La Publicité » est un single résolument post-moderne qui place Dutronc en position de franc-tireur du monde de la pop musique, à une époque où RTL – « Radio Luxembourg », comme on disait alors – diffuse son « Tour de France de la chanson » présenté par Michel Cogoni de 20 heures à 22 heures, avec au programme aussi bien Eddy Mitchell que Georgette Lemaire, Claude François ou Enrico Macias.

En 1967, quand sort le single « La Publicité », on commence à envisager les aspects nocifs de la pub. C'est cette année-là que le gouvernement anglais oblige les grands lessiviers à vendre des poudres à laver « génériques », sans aucun soutien publicitaire, à des prix vingt pour cent en dessous du marché. Bide total : les Anglais préfèrent leurs marques. En France, la publicité télévisée est interdite à la grande distribution pour défendre le petit commerce, mais la mesure résulte surtout du lobbying de la presse régionale.

Dutronc ne dénonce pas ouvertement la société de consommation. Pourtant, les critiques ne se priveront pas de corroborer cette vision au fil des ans. Sur la pochette du 45 tours quatre titres, dont « La Publicité » est le titre vedette – aux côtés de « Hippie hippie hourrah », « Les Rois de la réforme » et « Le Plus Difficile » –, Jacques est shooté par Bernard Leloup, le photographe de *Salut les copains*, avec une guitare défoncée en guise de collier. Collées sur l'instrument démoli, une couverture de *Jazz Magazine* et une pub pour le chocolat Poulain. Rébellion en carton, ultra-dérision : on est bien chez Dutronc, ravi de brouiller les pistes, toujours content de ne jamais être exactement là où on l'attend.

« L'IDOLE »

ASCENSEUR ÉMOTIONNEL

« Les filles qui se jettent sur moi
Celles qui escaladent le toit »

Drôle de chanson avec un texte à tiroirs et une musique au bord de l'abîme, sorte de règlement de comptes virtuel entre Lanzmann et Wolfsohn dans lequel Dutronc – le troisième Jacques – vient jouer les arbitres. « L'Idole » ne ressemble à rien, et c'est aussi pour ça que cette chanson déstructurée s'avère si fascinante.

Face B du single « J'aime les filles », sous-titré à l'époque « Je n'en peux plus », ce titre étrange est un jeu de miroirs entre les deux Jacques, Lanzmann écrivant ici un texte qui évoque des tensions entre l'auteur et l'interprète. Quelle est la part du second degré dans la formule « Mais l'pire, c'est qu'mon parolier/ Non seulement il est fou à lier/ Mais il voudrait m'faire chanter/ Que des histoires d'obsédé » ? Certes, Lanzmann était alors rédacteur en chef du mensuel *Lui* – « Le magazine de l'homme moderne » –, mais sa passion pour les pin-up enlevant le haut – et aussi le bas, les temps changent en cette fin des *sixties* – n'apparaît pas dans les textes qu'il livre à Dutronc, par ailleurs séducteur patenté surnommé « Sex », pseudo attribué, comme on l'a vu, *courtesy of* Jean-Marie Périer.

Tout est étrange dans cette chanson qui brinquebale entre autodérision – « Mon imprésario, il s'enrichit sur mon dos », billard à trois bandes entre Lanzmann et Wolfsohn ? –, autocitation – « Les filles qui disent "Et moi, et moi" » –, appel au secours – « Je vais pleurer, je suis foutu, ils vont me tuer ! » –, scatologie light – « J'suis malade, j'fais plus pipi ni caca » – et private joke – « Non coco, faut l'faire, c'est pour minuterie », une ligne qui suscite encore aujourd'hui des questions à jamais sans réponse. Le débit de Dutronc, entre parlé monocorde et chanté hystérique, achève de faire de cet ovni un morceau invendable, qui n'a d'ailleurs jamais fait partie des tours de chant de son interprète.

La version étonnante de JoeyStarr *featuring* Nathy, incluse en 2015 sur la compilation de reprises *Joyeux Anniversaire M'sieur Dutronc*, donne une nouvelle lecture de cette inclassable chanson. Ce n'était pourtant pas le premier choix du rappeur de NTM, qui, à l'époque, tourne avec le jeune Nathy, chanteur reggae-rap, au sein du duo Caribbean Dandee : « Moi, au départ, je voulais faire le générique d'Arsène Lupin, "Gentleman cambrioleur". Finalement, ça n'a pas été celle-là parce que, ce côté de Dutronc, ça ne parlait pas du tout à Nathy, il trouvait le morceau un peu plan-plan. Mais il est allé faire sa petite recherche de son côté, et c'est lui qui m'a amené "L'Idole", qu'il aimait bien. Du coup, on est partis sur celui-là. Quand il m'a fait écouter le titre, Nathy m'a dit : "Déjà, je trouve que ce morceau te ressemble, tu aimes tout ce qui est déstructuré en musique, et là, on est parfaits." Je me suis dit que ça n'avait pas servi à rien, tous les vieux trucs que je lui avais fait écouter.

Il a une bonne oreille. Comme j'habitais avec mon frère Claude à ce moment-là, c'est lui qui a fait le son, c'était la première prod signée Morvilous qui est sortie, en fait. Il a fait un truc raccord mais très trap, et l'inspi de ce qu'on a posé s'est faite en studio. Vu le BPM du morceau, il nous paraissait évident que c'était moi qui allais faire les couplets, très déliés, très interprétés, et Nathy s'est inscrit sur les refrains. »

Joey est en étrange compagnie sur ce recueil de reprises allant de l'insolite – Annie Cordy qui se transforme en « Hôtesse de l'air » – à l'inutile – mais qu'allait donc faire Zaz dans cette galère qu'est cette version jazz baloche de « Il est cinq heures » où la flûte est remplacée par une trompette ? –, en passant par quelques moments de grâce – Miossec sur « Le Temps de l'amour ».

Il semblerait que la reprise de l'ex-NTM ait eu les faveurs de Jacques, qui a même envoyé des fleurs accompagnées d'un petit mot à JoeyStarr en remerciement. De quoi rassurer le rappeur : « J'ai été surpris parce que toutes les reprises que j'ai faites, ça a toujours été une galère. Le seul pour qui ça s'est bien passé, c'est Moustaki sur "Métèque". Pour "Gare au jaguarr" [adaptation de "Gare au gorille", les ayants droit de Georges Brassens nous ont dit OK sous couvert de la maison de disques qui donne un billet. Parce qu'on avait reçu un premier mail disant : "Ce personnage qui reprend Brassens, et puis quoi encore", vraiment le truc méprisant. Sinon, le billet, c'était pour les vingt mille premiers, après on était obligés de refaire pochette et pressage pour enlever le morceau, avec en plus une date limite. C'était n'importe quoi. Du coup, quand on revient vers moi pour me proposer de reprendre Dutronc, j'avais vu un album de reprises avec Olivia Ruiz, Calogero et consorts, et je me disais "Il n'y a qu'une strate d'artistes qui a le droit de reprendre ça sans qu'on lui signale que t'as rien à voir avec la saucisse", donc salut. Alors quand on m'a proposé ça, je me suis dit :

"Ah, tiens, génial, pourquoi pas ?" Et si, en plus, vous me dites que je suis à côté de Zaz, j'ai les coquillettes qui gonflent ! Il faut aussi savoir que dans les paroles de Dutronc, on a chanté le truc, mais on ne comprenait pas tout ce qu'on racontait, en fait. "Je m'en mords le Chinois", ça allait, mais il y a deux, trois passages, genre "Non Coco, faut l'faire, c'est pour minuterie", on a creusé, mais on ne comprenait pas trop. En plus, c'est au moment où je me séparais de mon manager Seb Farran, donc je me suis dit au sujet de la thématique du morceau : "Ah ouais, génial." Je pouvais jeter à la gueule du monde mes inspirations… »

« IL EST CINQ HEURES, PARIS S'ÉVEILLE »

L'ÂME DE PANAME

« Je suis le dauphin de la place Dauphine
Et la place Blanche a mauvaise mine »

« "Il est cinq heures", c'est une chanson qui parle à tout le monde. Dutronc a regroupé toute la population française en une chanson. » Le rappeur Stomy Bugsy résume ainsi, plus d'un demi-siècle après sa création, le joyau du répertoire de Jacques Dutronc. Élue « chanson du siècle » en 1999, « Il est cinq heures » a marqué une génération entière et a pris une option sur la suivante.

La légende place les origines de ce titre magique en 1968, un soir de ripaille entre les trois Jacques – Dutronc, Lanzmann, Wolfsohn. Après un dîner arrosé au bordeaux, Wolfsohn, directeur artistique des disques Vogue, lance l'idée d'une chanson sur Paris au petit matin. C'est lui qui suggère à Lanzmann de s'intéresser à un morceau populaire du début du XIXe siècle, « Tableau de Paris à cinq heures du matin », écrit par Marc-Antoine-Madeleine Désaugiers. Le chansonnier utilise le principe de l'énumération, que Lanzmann et sa cosignataire Anne Segalen reprendront dans « Il est cinq heures, Paris s'éveille » : « Le malade sonne/ Afin qu'on lui donne/ La drogue qu'ordonne/ Son vieux médecin/ Tandis que sa belle/ Que l'amour appelle/ Au plaisir fidèle/ Feint d'aller au bain. »

Anne Segalen se souvient : « Jacques Wolfsohn nous a enfermés en nous disant : "Vous ne sortirez que lorsque vous aurez écrit un texte." Et on a mis toute la nuit. Wolfsohn avait envie d'une chanson comme "Paris s'éveille", il nous a invités à dîner avec une royale côte de bœuf, et je suis toujours très attendrie quand on me nourrit. Après le repas, on a commencé à écrire la chanson. Ça commençait par "Je suis le dauphin de la place Dauphine", et maintenant tout le monde chante "Je suis au coin de la place Dauphine"... C'est amusant. »

L'inspiration des deux auteurs donne naissance – au petit matin, comme il se doit – à ce bijou. À la fin de l'enregistrement, Roger Bourdin, flûtiste qui travaille sur une session dans le studio d'à-côté, vient placer le fameux solo de flûte traversière, apportant sa touche finale à la magistrale composition musicale de Dutronc, qui commence déjà à s'éloigner de ses créations rock *sixties* pour se lancer dans d'élégantes mélodies accompagnant avec brio son débit de crooner. La chanson est déposée à la Sacem le 17 juin 1968 et devient vite un tube.

Dans la foulée de Mai 68, Jacques Le Glou écrit une version révolutionnaire de l'hymne parigot, avec des paroles détournées chantées sur les barricades des manifs et, plus tard, gravées sur disque et interprétées par Jacques Marchais et Vanessa Hachloum. Extraits : « Les 403 sont renversées, la grève sauvage est générale/ Les Ford finissent de brûler/ Les enragés ouvrent le bal/ [...] Le vieux monde va disparaître/ Après Paris le monde entier/ Les ouvriers sans Dieu ni maître/

Autogestionnent la cité/ […] Il est cinq heures/ Et nous n'aurons jamais sommeil ».

Coutumier des détournements, Le Glou a raconté à *Je Chante ! Magazine* comment il a obtenu l'autorisation des intéressés pour un album d'une dizaine de chansons revisitées : « En 1969, lorsque j'ai commencé à voir ce que je pouvais faire avec ces textes, je me suis aperçu qu'il y avait un problème de droits. On ne pouvait pas éditer ou produire des chansons avec des musiques déjà déposées à la Sacem sans l'autorisation de leurs auteurs, compositeurs et éditeurs. Je suis donc parti dans une série de démarches auprès des éditeurs, des compositeurs et des auteurs, pour les quelque vingt-cinq chansons que j'avais sélectionnées. En gros, tous les grands éditeurs ont refusé car le principe ne leur plaisait pas. Certains m'ont demandé à voir les textes, mais lorsque je les leur ai envoyés, ça a été les cris d'effroi ! Trenet, par exemple. J'avais détourné une de ses chansons sous le titre “Papa s'pique et Mère boit l'coup”. Nous avons eu une conversation d'un quart d'heure au téléphone, il était complètement sidéré : “Comment pouvez-vous écrire des choses pareilles, mon cher ami ?” Donc, Trenet a refusé. Pour “Il est cinq heures, Paris s'éveille”, ça a été très simple. Lanzmann et Dutronc se sont marrés à la lecture de mon texte et m'ont donné leur accord. »

Jacques Dutronc chantera une version du morceau en espagnol, que l'on retrouve notamment en 2004 sur la compilation *Jacques Dutronc, Les Années Vogue, 1966-1976.*

L'année suivant la sortie de « Il est cinq heures, Paris s'éveille », le chanteur Bob Telden sort une adaptation en allemand – « Berlin erwacht » –, dans laquelle Berlin remplace Paris. Lomepal, lui, fait une référence directe à la chanson dans « Oyasumi », en 2016 – « Il est, il est cinq heures, Paris s'éveille/ J'allume une trompette sur une place vide » –, tout comme le groupe de rap rennais Columbine dans « Éric & Dylan » – « Il est cinq heures, Paris s'éveille, j'suis dans un hôtel Hilton » – et Grand Corps Malade, en 2010, dans « Rachid Taxi » : « Il connaît bien Paris l'matin et démarre souvent avant l'soleil/ C'est l'heure où moi je vais m'coucher, il est cinq heures, Paris s'éveille. » Quant à Sylvie Vartan, elle interprète le titre en 2007 dans son trente-huitième album, *Nouvelle Vague*, composé de reprises.

Enfin, en 2022, quinze ans après « J'aime plus Paris » qui sonnait comme une réponse au hit parigot et paternel de 1968, Thomas Dutronc reprend la chanson avec son père sur leur album commun, *Dutronc & Dutronc*. Audace suprême : le fameux solo de flûte a été remplacé par une guitare…

« L'OPPORTUNISTE »

JACQUES SE PREND UNE VESTE

« Je crie vive les manifestations
Je crie vive la collaboration »

Chanson phare du répertoire, maintes fois reprise et même clippée dans sa version en duo avec Nicola Sirkis d'Indochine, ce morceau colle à la peau de son interprète qui n'a pu que constater, au fil des décennies, qu'elle n'avait jamais perdu de sa pertinence.

Stomy Bugsy : « "L'Opportuniste" pour le cynisme, c'est le reflet de la société, on est tous comme ça, même le plus grand des rebelles a besoin de confort. Pendant la révolution, on veut aussi le bon vin, la bonne maison, la bonne meuf et la bonne voiture. » Un bon résumé de la dimension universelle de cette chanson, pilier de la première période dutronnesque, qui restait l'un des points forts du comeback de 1992, des concerts de 2010 et de la tournée d'adieu *Dutronc & Dutronc* de 2022.

Alain Chamfort, compagnon de route de Dutronc après son passage chez les Mods et avant son mariage de raison avec Claude François, a enchaîné les tournées et se souvient d'un artiste « prêt à tout pour faire rire. Ce qui était amusant, c'est que, la plupart du temps, et même dans la majorité des cas, les concerts, il les faisait pour nous. C'était truffé de private jokes, son but n'était pas d'obtenir du succès auprès du public, mais de nous séduire, nous, les musiciens, et de continuer à être le leader du groupe. Il ne se prenait pas au sérieux, rien à foutre de tout ça. Dans une chanson, il incluait des codes qu'on était les seuls à comprendre. Parfois, il tournait le dos aux gens. Il n'était pas du tout dans la relation normale qu'un artiste essaye d'avoir avec les spectateurs. Une fois, on a fait un festival en Belgique, à Louvain, un truc d'étudiants. L'année précédente, ils avaient reçu Antoine et ils avaient essayé de le choper pour lui couper les cheveux. C'était dans une salle de sport surchauffée, ils envoyaient des feux de Bengale, ils nous ont balancé sur scène tout ce qui leur tombait sous la main. Jacques a reçu une orange qui a tapé dans le micro et le micro lui a fendu la lèvre. Je me planquais, on recevait des œufs, des pots de yaourt. C'était horrible, un truc d'étudiants, quoi. C'était un peu tendu, on flippait ».

Le cinéaste Claude Lelouch, comme nombre de ceux qui ont travaillé avec Jacques Dutronc, de Philippe Labro à Maxime Schmitt, sait ce que cache sa paire de lunettes mercure : « Jacques, c'est un garçon d'une grande timidité. Une immense, une colossale timidité. Et c'est ce qui fait sa force. Il se cache derrière ses lunettes et son cigare, mais, en fait, quand il met ses lunettes et fume son barreau de chaise, on apprend beaucoup de choses. »

En 1982, Indochine livre sa version new wave *eighties* du titre, lui offrant *de facto* un nouveau public. En 2014, c'est le groupe Tryo qui s'y colle, dans une version « reggae à la campagne » qui remplace le cynisme par une forme d'optimisme au premier degré. Et, en 2015, à l'occasion de la sortie de la compilation *Joyeux Anniversaire, M'sieur*

Dutronc, le duo avec Nicola Sirkis, produit par Gaëtan Roussel de Louise Attaque, propose la nouvelle vision d'une chanson inoxydable et indémodable, accompagnée d'un clip en animation où l'on découvre sur des affiches électorales un politicard, Maurice Veston – « candidat sans OGM » –, ainsi que des détournements de couvertures de magazines : le journal d'extrême droite *Minute* devient *Biture*, *Libération Labelleaction*, *Le Figaro Le Bigarré*, *L'Humanité L'Unanimité*, *Charlie Hebdo Le Chat lit l'hebdo*, *Voici Holàla*, etc. Un clip sorti deux jours avant le deuxième tour des élections présidentielles qui virent la réélection d'Emmanuel Macron. « Chacun verra quel est le candidat qui a été pour lui le plus opportuniste, mais, malheureusement, cette chanson n'a pas pris une ride », décryptait Thomas Dutronc devant les caméras de BFMTV. Et « Papounet » de surenchérir à ses côtés : « Il ne faut pas croire que tous les politiciens sont des voyous ou sont malhonnêtes. Il y a des prostituées qui sont vierges, aussi. Il y a des trucs quand même incroyables ! C'est amusant de dire ça, mais c'est un lourd travail. »

Comme le déclarait Dutronc père à Laurence Durieux dans *VSD*, « mes chansons ne se démodent pas, il y a toujours des fourbes, des égoïstes, des frileux, des opportunistes ».

« FAIS PAS CI, FAIS PAS ÇA »

JACQUES N'EN FAIT QU'À SA TÊTE

« Tu n'es qu'un bon à rien
Je le dis pour ton bien »

Ou comment une simple phrase, dont la répétition insinue qu'elle est adressée aux enfants, s'imprime dans le cortex et s'affirme comme un « ver d'oreille » particulièrement efficace. L'année de sa sortie – 1968 – lui confère un deuxième sens, politique, dans une France gaulliste et paternaliste où la jeunesse est priée d'attendre la mort de la génération précédente pour avoir le droit d'exister.

« "Fais pas ci, fais pas ça", ça pourrait être du rap. » Ainsi parle Stomy Bugsy, et Dutronc ne dit pas autre chose : « C'est très difficile à chanter, pratiquement impossible, il faudrait un rappeur. Le débit est terrible, c'est du rap avant l'heure », confirmait-il en 2010 à *Rock&Folk*. On trouve une similitude troublante entre le texte de Lanzmann et celui d'Antoine pour le titre « Métamorphoses exceptionnelles », placé en face B de ses fameuses *Élucubrations*, en 1966 : « Tu déchires tous tes vêtements, réponds pas à ta mère/

Oublie pas de te laver les dents, apprends les belles manières/ Tais-toi !/ Tes parents savent mieux que toi ! »

Alain Chamfort fait partie de l'histoire, aux claviers, même si, ici, c'est la guitare de Jacques qui donne le ton : « Oui, il y avait Jacques et Jean-Pierre Alarcen, qui était le guitariste des Mods au début. Plus tard, il y a eu Gérard Kawczynski – dit "Crapoutchik" –, Christian Padovan plus d'autres musiciens, et ensuite on a été remplacés par une autre vague de musiciens vers la fin de 1968. Deux ans extrêmement intenses. Tout le monde vivait dans l'instant, il n'y avait pas de notion de projection autre que le lendemain. C'était très agréable, fun, rigolo. On vivait à travers Jacques, sa vie, car il nous emmenait partout. C'était soit des trucs très populaires, soit très sélectifs. Il était apprécié par tout le monde : ça nous ouvrait les portes. On allait chez Castel, chez Régine, j'avais 18 ans, on était reçus partout avec lui. On passait nos après-midi chez lui à faire n'importe quoi, à rire, on passait notre vie à être ensemble et à laisser passer le temps en ricanant. »

Selon la coautrice Anne Segalen, ce sont les injonctions de sa mère qui ont été le point de départ du texte, résumé des phrases clés que les parents aimaient ressasser à leurs rejetons en vue de leur inculquer les bonnes manières.

Évidemment, le texte colle à son époque : comment mieux résumer le fameux « interdit d'interdire », slogan phare de Mai 68, qu'avec ce titre en forme d'interdit, qu'on imagine aisément en banderole pendant les manifestations étudiantes ?

De 2007 à 2017, *Fais pas ci, fais pas ça* sera aussi le titre d'une série de soixante-huit épisodes répartis sur neuf saisons dont le générique est – forcément – la chanson de Dutronc. Le feuilleton fait le portrait parallèle de deux familles, l'une bobo et l'autre catho.

L'absence apparente de sérieux du texte et de son interprétation par Dutronc est caractéristique des débuts de l'artiste, qui s'attire d'ailleurs des critiques pour cette désinvolture apparente.

C'est en cette année 1968 que Jacques, interviewé par la télé allemande, se livre à un exercice de *trolling* que n'aurait pas désavoué le rappeur français Vald, spécialiste de la chose. Quand le journaliste demande à Dutronc pourquoi il ne vient pas plus souvent en Allemagne, il répond avoir d'autres travaux à effectuer ailleurs. « Mais tu voudrais, hein ? » insiste le Teuton dans un français approximatif. Magnifique réponse assurée avec un sérieux de pape : « Je vais essayer d'ailleurs d'habiter ici, en fait. » La suite est encore meilleure : quand l'intervieweur lui demande s'il est vrai qu'il préfère chanter gratuitement dans les usines, Jacques répond avec un air impavide : « Ah oui, parce qu'en fait, il y a beaucoup plus de monde, déjà, et puis je trouve que les prix augmentent alors que le spectacle baisse. Pour moi, hein ! » Le Teuton traduit pour le public, puis il annonce que Dutronc va chanter « Le plus difficile ». Une impeccable prestation en play-back suivra, avec trois danseuses en mini-jupe et bottes montantes. Une télé de plus, perdue dans le maelström d'une promo permanente. Pas sûr que les spectateurs germaniques aient saisi le name dropping lubrique de Sœur Sourire – « Le plus difficile, c'est de me faire Sœur Sourire sans que j'y perde quelque chose » – ou la rime « Cromagnon/ gros mignon », mais on n'est plus à ça près.

« LA SOLITUDE »

SEUL AVEC DU MONDE AUTOUR

« J'ai des fourmis dans mon destin
Autour de moi, y'a des requins »

Avec ce morceau mélancolique, Dutronc s'éloigne du son britpop à la Kinks des débuts pour se glisser dans son nouveau manteau de gentleman crooner. Résultat : un son plus suave, des arrangements plus sophistiqués et plus mélodiques. Avec, en prime, un bestiaire d'une vingtaine d'animaux pour exprimer son spleen. Mieux qu'une fable de La Fontaine.

1966-1975 : presque dix années pleines et un peu folles passées à enregistrer – beaucoup –, à monter sur scène – énormément –, à faire des télés – passionnément –, et, surtout, ne pas avoir de vie autre que celle que l'on voit défiler dans les magazines type *Salut les copains*. Au milieu du gué, en 1968, les singles enregistrés à un rythme effréné sont rassemblés sur l'album intitulé *Jacques Dutronc* (le deuxième du nom). Ce disque est finalement un condensé assez réussi de la vie de Jacques en ce début de carrière en mode turbo : « À toute berzingue », sa vie au volant de bolides sur des airs manouches ; « Transes-dimanche », diatribe irrévérencieuse et moqueuse de la presse, qu'on n'appelle pas encore « people », traquant le couple illégitime qu'il forme avec sa belle ; le morceau de la révolution de vison « L'Opportuniste » ; la subtile allusion à Françoise de « La Seine » ; et puis, « La Solitude ».

« La Solitude », Jacques Dutronc... Cherchez l'intrus ! Moins solitaire que Jacques, à cette époque, c'est impossible : boulot, enregistrements, galas, copains... C'est l'époque de la bande de la Trinité, avec en tête de gondole le pote de toujours, Hadi Kalafate, qui se souvient sur YouTube : « Les bandes à Paris ont vu leur naissance dans les squares. Chaque square de Paris avait une bande. Il y avait toujours un chef plus fort que les autres qui réunissait sa bande et rentrait en conflit avec le square du quartier le plus proche. De la Trinité, on allait à Vintimille, de Vintimille au Sacré-Cœur ; d'ailleurs, la bande du Sacré-Cœur était plus forte que la nôtre, celle de la Trinité. Un des leaders de la Trinité était Hallyday, il chantait déjà des chansons d'Elvis Presley et il raflait toutes les gonzesses des mecs de la bande du Sacré-Cœur. On rentrait dans des galères de bagarres pas possibles, on se faisait casser la gueule, on rentrait avec des gnons partout. »

Parmi les autres membres, Jean-Marie Périer, Claude Puterflam et un certain Alain Le Govic, pas encore Chamfort. Une bande dont Jacques ne se sépare jamais, y compris lors de repas en amoureux avec Françoise Hardy, au grand dam de la principale intéressée. Jacques est tellement timide qu'il se fait accompagner partout.

À cette époque, pas encore sédentarisé sur son île de beauté, Jacques est qualifié de Bardamu par Françoise et son ami l'écrivain Patrick Modiano, et, au regard de la période, le surnom lui va bien. Ferdinand Bardamu, double littéraire de Louis-Ferdinand Céline, héros de l'immense *Voyage au bout de la nuit*, est un voyageur errant et désabusé. Tout comme Jacques, qui vogue de spectacle en studio au volant de sa Bentley remplie de potes. Une voiture, pour l'anecdote, achetée au musicien de jazz et comédien Moustache.

Alors, direz-vous, pourquoi cette chanson ? Anne Segalen et son homme Jacques Lanzmann ont-ils déraillé ? Pas du tout, loin s'en faut. D'abord, parce que Jacques ne chante que ce qu'il veut : « Lanzmann fait le marché ; moi, je fais la cuisine », a-t-il coutume de dire. La vérité est ailleurs. Que cache ce texte bestiaire chanté doucement sur une guitare acoustique et quelques beaux arrangements de cordes et de piano ? Sans doute un point de vue sur sa vie. Et peut-être aussi un avertissement. Au fond, dans cette chanson – c'est facile à dire avec le recul, certes –, Jacques annonce la couleur. Et surtout la suite.

Il commence par un constat : il est entouré de requins – le show-business – qui ont des oursins dans les poches – les pinces. « Pour moi, la poule ne pond pas d'œufs/ Je suis vraiment fait comme un rat » : en d'autres termes, il est pressé comme un citron. Ça, c'est le constat. Mais la fin est intéressante et incisive : « Je n'veux plus être le bouc émissaire/ Pas plus que l'âne de Buridan/ Je veux être l'aigle qui sort ses serres/ Le lion qui déchire avec ses dents. » Jacques n'est pas une victime expiatoire, encore moins un indécis, il veut reprendre son destin en main. « Je veux plus mener une vie de chien/ Je veux mener une vie de cheval », martèle-t-il à la fin de la chanson. Un cheval qui part au galop. Ne se retourne pas. Et, surtout, qui ne reviendra pas.

L'idée va mettre un peu de temps à mûrir, il faut dire que le cinéma va s'en mêler. Mais, très vite, il choisira son parti, ou plutôt sa patrie. Les amis de Jacques dans le métier sont rares. Et parfois, même très entouré, il est normal, ou tout du moins compréhensible, de se sentir seul. Dans un autre genre musical, le rap français, Oxmo Puccino lâchait ces mots en 1998 dans le morceau « Peu de gens le savent » : « Même si on est quinze mille dans le hall à fumer et à boire pour oublier notre galère, on est quinze mille, mais, en fait, on est tout seul, mec, et ça, peu de gens le savent parce qu'on le garde pour soi. »

Une triste punchline qui colle bien à notre Jacques, seul avec du monde autour, cigare aux lèvres et bouteille jamais loin, qui garde sa solitude en lui comme un lourd secret.

« LE RESPONSABLE »

SARL DUTRONC

« Mais j'aime aussi les catastrophes
Qui m'mettent la vie en apostrophe »

Guitare fuzz et attitude punk avant l'heure, Dutronc dépote avec ce titre qui file à la vitesse d'un cheval fou, comme un adieu au son rock qui marqua ses débuts et s'efface au fil des singles. Sous le rocker perce le crooner, mais là, c'est le dernier baroud électrique.

Impossible de ne pas évoquer Keith Richards, le roi du riff stonien, en écoutant cette claque rock à la guitare sauvage, une des chansons les plus énervées jamais sorties par Dutronc. « Une guitare fuzz totalement saturée, un tambourin et une énorme batterie qui marquent la mesure, et, surtout, ce cri de fou lâché en introduction. C'est du rock dans son expression la plus primaire, du Shadows of Knight dans la langue de Molière », écrit Christian Eudeline. Guère étonnant, quand on écoute ce titre, d'apprendre que, parmi les fans de Jacques, on trouve Johnny Depp – acteur obsédé par la musique au point de signer un album en duo avec Jeff Beck –, qui estime que Dutronc est « le premier punk ». Car au moment où sort ce single rentre-dedans, Jacques est dans sa période crooner. Le succès du 45 tours « Il est cinq heures, Paris s'éveille » était le signal d'une métamorphose musicale qui s'est confirmée avec « L'Opportuniste ». Même « À toute berzingue », en dépit de son titre, fait dans le jazz manouche plutôt que dans le britrock énervé.

Le texte du « Responsable » est à double tranchant, comique tout en évoquant la dépression, avec en narrateur un drôle de masochiste qui ne veut pourtant pas changer de peau parce qu'il « aime les emmerdements ». Mais, de la même façon que « La Solitude », sortie l'année précédente, semblait ne pas coller à l'image publique de Jacques, ce « Responsable » est clairement un rôle de composition pour le chanteur, qui semble alors fuir les responsabilités de la vie d'adulte en continuant à vivre comme un gamin avec sa bande, ses canulars, ses excès et ses conquêtes. Qu'on imagine : dans sa biographie *Le Désespoir des singes*, Françoise Hardy raconte qu'à cette époque, alors qu'elle constate déjà « la dégradation progressive de (sa) relation avec Jacques », l'irresponsabilité de son futur mari dépasse les bornes : « Jacques vint un peu plus souvent chez moi lorsqu'il lui prit fantaisie d'apprivoiser un guépard qu'il baptisa Sumo, avec lequel il dormait après l'avoir affublé d'une couche-culotte pour qu'il ne fasse pas pipi au lit. Ses nuits rue de Provence n'étaient pas de tout repos car Sumo s'étirait beaucoup, le léchait et lui donnait force coups de patte en signe d'affection. [...] Le père de Jacques, qui avait déjà supporté les élevages de souris, de tortues et de grenouilles quand son fils était petit, allait, avec un inlassable dévouement, acheter des poulets non plumés pour nourrir le guépard qui devait s'ennuyer et passait des heures sur la cheminée à se regarder fixement dans la glace, cherchant sans doute à comprendre quel était ce congénère insaisissable avec lequel il aurait bien aimé jouer ». On l'aura compris, la société Dutronc est alors à responsabilité (très) limitée.

Anecdotique mais amusante, la reprise du titre en 1980 par l'éphémère chanteur Serge, en mode synthpop à la Soft Cell, est interprétée avec une voix trafiquée au vocoder et une séquence électronique en lieu et place de la six cordes de Dutronc. La preuve, s'il en fallait une, qu'une bonne chanson résiste à un changement de style et reste un classique, même quand les machines remplacent les musiciens.

Lors du concert organisé en Corse pour l'anniversaire de Jacques et capté par France 2, c'est Gaëtan Roussel qui livre sa version du titre devant un parterre de stars chanteurs (Francis Cabrel, Julien Doré…).

En 2011, Miles Kane, moitié des Last Shadow Puppets et redoutable guitariste, livre une version anglaise du titre sur son EP *Come Closer*. Une bonne occasion de s'apercevoir ainsi qu'un bon riff, même made in France, n'est jamais perdu.

« L'AVENTURIER »

UN BAROUDEUR SPIRITUEL

« J'ai fait la vie à Varsovie
J'ai fait le mort à Baltimore »

« L'aventure, c'est l'aventure », a décrété Lelouch. Mais « L'Aventurier », c'est l'un des titres de gloire du tandem Dutronc-Lanzmann, inclus sur le quatrième album du premier, mais aussi sur la BO du second film le mettant en vedette, *OK patron.* Un baroud mélodique avec la touche de cynisme minimale qui en fait l'un des titres les plus emblématiques des deux Jacques.

« Il y a eu des tensions à un moment entre Dutronc et Lanzmann. Je ne peux pas expliquer pourquoi, je n'étais pas dans leur intimité », se souvient Alain Chamfort, à l'époque clavier de la bande à Dutronc. « Ça arrive quand les gens veulent s'approprier un peu le succès. Un auteur est toujours un peu dans l'ombre et se dit souvent : “S'il n'avait pas chanté ça, il ne serait pas devenu une vedette.” Il y a toujours un peu non pas de jalousie mais de frustration quand un auteur n'a pas la même place que le chanteur, qui est sous les projecteurs : on ne voit que lui, on ne parle que de lui et le succès est porté par lui. Je pense que Lanzmann en a un peu souffert. C'est ce qui est arrivé avec Boris Bergman et Alain Bashung ou Étienne Roda-Gil et Julien Clerc. Les seuls qui semblent avoir résisté à l'épreuve du temps, ce sont Laurent Voulzy et Alain Souchon. »

Enregistré comme tous les morceaux de cette époque au studio Vogue, rue d'Hauteville, dans le 10e arrondissement de Paris – « Le seul studio où les gens venaient sonner pour dire : "Vous faites trop de bruit !" », se souvenait Jacques en 2010 dans *Rock&Folk* –, « L'Aventurier » est sûrement l'un des textes les plus « lanzmanniens » chantés par Dutronc. Grand baroudeur devant l'éternel, Lanzmann a parcouru le globe en marcheur, traversant en vingt-quatre jours les sept cents kilomètres du désert du Néguev puis devenant le premier Occidental à relier le Tibet à Katmandou. Ce n'est pas pour rien que l'écrivain Michel Tournier le surnomma « le plus grand marcheur des lettres contemporaines ».

Son fils David a une vision personnelle de cette chanson : « Jacques Dutronc est devenu lui-même l'aventurier, alors qu'il ne l'était pas. C'est mon père qui a marché. Moi, j'ai parcouru les déserts à pied avec mon père. Il a ouvert des déserts, il a fait les tracés dans le Sahara. Quand mon père meurt, je réécoute "L'Aventurier", je suis en pleurs et je pense à mon père, pas à Dutronc. »

L'époque est en tout cas aventureuse pour Dutronc, que le succès quasi immédiat amène sur les routes de France et de Navarre pour des concerts improbables, comme il l'a raconté à Philippe Manœuvre dans le *Rock&Folk* de février 2010 dont il fit la couverture : « La sono des concerts était lamentable, mais tout était lamentable, faut dire. Les salles, le public, tout. Son seul cri, c'était : "Aux chiottes ! Enculé ! Pédé !" […] Ce n'était pas organisé du tout. J'avais trouvé une technique.

On essayait de repérer qui était l'organisateur, d'obtenir son adresse, on allait chez lui et on gardait sa femme à titre préventif, si le mec se tirait avec la caisse. Mon pote le chopait et lui disait : "On a ta femme, si tu ne files pas la caisse, tu ne la reverras pas." Souvent, c'était ça quand même ».

Une dutronnade de plus ? Sûrement, mais Dutronc en kidnappeur de charme, l'anecdote est belle, et comme le dit la fameuse formule du western grandiose de John Ford *L'homme qui tua Liberty Valance*, « quand la légende est plus belle que la réalité, imprimez la légende ».

Concernant le rapport avec son premier parolier, Dutronc minore les clashs supposés lors de son interview chez Ardisson en octobre 2004 : « Il n'y a jamais eu de vraie fâcherie, on ne s'est jamais mis sur la gueule, contrairement à d'autres. » Dutronc en profite pour raconter une autre anecdote insolite qui aurait eu lieu durant l'enregistrement : « Il y a quand même eu quelques histoires dans les studios, j'ai quand même joué "Jeux interdits" dans les chiottes du studio, parce que la gonzesse qui voulait être chanteuse, je lui ai dit que c'était là qu'on enregistrait, de se mettre à l'aise, et elle me dit : "C'est bizarre, j'entends rire." »

Le 15 mai 2003, les deux Jacques se retrouvent une dernière fois, à l'initiative du magazine *Le Nouvel Observateur*. Une nouvelle occasion pour le journaliste qui réalise l'interview de relancer le duo sur cette fâcherie, réelle ou imaginaire. Dutronc : « Fâchés un jour ? Sûrement, mais pas ensemble. Chacun sa période, lui surtout, donc jamais, pratiquement. » Lanzmann : « Nous ne nous sommes jamais fâchés. C'était pire. Il n'y avait plus rien. J'en ai beaucoup souffert. Je ne saurais dire pourquoi cette si longue absence. Pourquoi toutes ces années de silence. Pour moi, et je le dis sincèrement, ça a été comme un deuil. Mais je ne savais pas lequel de nous deux était mort… »

Trois ans plus tard, c'est Lanzmann qui décède, à Paris, à 79 ans. L'aventurier pose définitivement ses bagages, ses cendres reposant désormais dans le petit cimetière de Fatouville-Grestain, en Normandie, non loin de cette maison que Dutronc se plaisait à évoquer quand on lui demandait ce qu'il avait apporté à son auteur fétiche.

En 2019, « L'Aventurier » est utilisée en synchro pour la pub Orange – Samsung Galaxy S10, une nouvelle preuve de la pertinence intemporelle des chansons de Dutronc.

Si Nicola Sirkis a chanté « L'Opportuniste » en duo avec Dutronc, « L'Aventurier » d'Indochine, qui ouvre le premier mini (mini, mini) album du groupe et lui donne même son titre, en 1982, n'est pas une reprise de Dutronc, mais un titre homonyme, l'aventurier ici décrit étant Bob Morane, le héros de fiction créé par le romancier belge Henri Vernes.

« L'HÔTESSE DE L'AIR »

PARTIE DE JAMBES EN L'AIR

« Perdez vos habitudes
Changez vos attitudes »

Dutronc attache sa ceinture et éteint son havane pour un voyage dans les charts sans trou d'air avec ce single ravageur qui a contribué à faire fantasmer les Français sur ces assistantes des cieux que sont les hôtesses de l'air. Dernier gros hit des *sixties* pour le chanteur, ce morceau à la rythmique mouvante a peut-être été inspiré de faits réels le temps d'un trip indien avec le photographe-réalisateur Jean-Marie Périer.

Si l'année 69 est érotique pour Gainsbourg – et son Gainsborough –, elle est hystérique pour Dutronc : en mars, alors qu'il vole de Bombay à Ceylan en compagnie de Jean-Marie Périer qui l'a embarqué avec lui dans un reportage indien pour *Salut les copains*, il transforme l'avion en cage aux folles (et fous). Cité par Gilles Lhote, Périer se rappelle cette bulle de dinguerie aérienne : « J'ai vu Jacques transformer l'avion entier en un asile de fous. Les hôtesses dansaient avec les stewards, les passagers se déshabillaient en buvant debout sur les sièges. Même le commandant de bord nous avait rejoints pour faire la fête. Tout ça alors que Jacques ne parle pas un mot d'anglais. »

À Frédéric Quinonero, il en rajoute une couche : « Et puis, il y avait deux hôtesses, des somptuosités. » La suite est racontée sur le blog de Jean-Marie Périer : « J'avais loué une suite au Hilton, l'hôtel des équipages. À gauche, Jacques avait une chambre avec la blonde ; à droite, j'avais la mienne avec la brune ; et, au milieu, un grand salon avec un buffet rempli de victuailles. En compagnie des hôtesses, nous avons tenu table ouverte pour tous les équipages de passage. C'était surréaliste : pendant trois jours et trois nuits, les équipages se succédaient dans notre fête improvisée. » Dutronc confirme mais coupe court à tout fantasme sexuel : « J'ai toujours beaucoup aimé les hôtesses de l'air. Je me souviens d'une année, à Hong Kong, j'ai passé cinq jours au Hilton en compagnie d'hôtesses, avec rotation des équipages. Je me suis bien comporté. Voyage en chambre, elles connaissent la chanson. »

Hasard ou coïncidence, c'est en 69 que sort « L'Hôtesse de l'air », encore un carton pour Jacques. Cette année, aussi érotique pour Jacques qu'elle l'a été pour Serge et Jane, le voit passer en septembre par la Fête de l'Huma, à l'invitation du député communiste Waldeck Rochet. Il fait ainsi face à une foule qui culmine à six cent mille festivaliers sur la pelouse de Reuilly. « Non mais, Tintin est bien allé chez les Soviets, Dutronc peut aller chez les cocos ! *(Rires)* La Fête ? Meilleur service d'ordre au monde, meilleure organisation ! » lance-t-il au journaliste du quotidien *L'Humanité* qui l'interviewe quarante ans après cet Himalaya populaire. Deux salles, deux ambiances, quand, peu après la Fête de l'Huma, Jacques va s'installer pour cinq semaines en résidence à la Tête de l'Art, un cabaret rassemblant une centaine de couverts, où Dutronc va imposer son humour très acide, mélangeant ses chansons à des sketchs et à des improvisations. Au cas où un spectateur crierait « Aux chiottes ! », le chanteur a prévu un rouleau de PQ.

Un soir, il débarque déguisé en curé et donne un speech où il parle de lui à la troisième personne : « Mes chers frères, j'ai des soucis, j'ai des ennuis, vous aussi. Nous n'avons pas le moral, nous n'avons pas d'argent, mais, grâce à la Tête de l'Art, depuis vendredi, nous avons Jacques Dutronc. J'espère que, grâce à vous, cette soirée sera vraiment du délire, enfin de la folie, vous voyez ce que je veux dire. Vraiment du délire, du délire, vous voyez ? Du délire ! », avant de se faire embarquer par deux infirmiers sous le regard hilare de son guitariste. Le public est conquis, même quand le chanteur balance des confettis sortis de ses poches dans leurs coupes de champagne. Ce sera l'occasion pour Jacques de croiser Arletty, déjà presque aveugle, qui se fait raconter par son accompagnateur l'ambiance de ce show gonzo proposé par un artiste qu'elle apprécie.

C'est en fin d'année que sort « L'Hôtesse de l'air », qu'il va interpréter à la télévision pour la première fois le soir du réveillon. Un autre de ses passages télé le montre avec son fameux nœud papillon noir géant se tapant la glotte tel un JoeyStarr crooner pour la partie tyrolienne de la chanson, tandis que, derrière lui, défilent les logos des différentes compagnies aériennes de l'époque.

La chanson est certes bien écrite, avec son transformisme pour rire (« Toute ma vie, j'ai rêvé d'avoir des talons hauts ») et ses allusions grivoises qui restent élégantes (« Toute ma vie, j'ai rêvé de voir le bas d'en haut »), mais la musique est un cocktail mélangeant les styles et les tempos, passant d'un yodel autrichien à une valse déglinguée assaisonnée de brèves nappes de violons, puis d'un bombardon, le tout entrecoupé de breaks incessants… Bref, un tube drôle qui est aussi un drôle de tube, d'une teneur opposée à celle de « Où est-il l'ami Pierrot », tendre chanson sur l'enfance sortie la même année. Fête de l'Huma, Tête de l'Art, « L'Hôtesse », « Pierrot » : Docteur Jacques et Mister Dutronc, en somme.

« L'ARSÈNE »

MONTE-EN-L'AIR ET SÉDUCTEUR

« Il est brillant
Comme le diamant
Rapide comme le vent
L'Arsène »

Le « casseur de jolis cœurs », « redresseur de tous les torts », est né en 1905, mais c'est durant les *seventies* qu'il s'invite chez les Français avec le feuilleton à succès dans lequel Lupin est incarné par le très élégant Georges Descrières. Un anti-héros qui n'en fait qu'à sa tête et a sa propre morale ? On dirait Dutronc.

Inventé de toutes pièces par le formidable Maurice Leblanc, Arsène Lupin apparaît pour la première fois en 1905 dans le magazine *Je sais tout* sous la forme d'une nouvelle. Les trente-cinq années qui suivront verront son auteur décliner ses aventures sous la forme de dix-huit romans, trente-neuf nouvelles et cinq pièces de théâtre.

Habile, intelligent, sportif et très cultivé, immense séducteur, mais moral, Arsène Lupin est un héros ambivalent.

Certes, il vole, mais les plus riches. Certes, c'est un renégat, mais il a la classe. Pour preuve, son élégance avec la gent féminine. Ce voleur aux talents multiples, dont celui du déguisement et du combat, vit à la Belle Époque, celle des automobiles naissantes, de la Normandie comme endroit de villégiature chic – rappelons son attachement à la ville d'Étretat – et des chapeaux haut-de-forme. Personnage attachant malgré ses larcins, il est issu d'une double culture : « bien né » par sa mère, roturier par son père qu'il ne connaîtra que très peu. Si le succès en librairie se présente très vite pour Maurice Leblanc et son « avatar », l'adaptation à l'image arrivera elle aussi tout aussi rapidement.

Contre toute attente, ce sont les États-Unis qui dégaïnent les premiers. En 1908, Lupin est le héros d'un court-métrage intitulé *The Gentleman Burglar*, puis, en 1919, d'un long, l'adaptation des *Dents du tigre*. Suivront, dans le désordre, l'Angleterre, la Hongrie, l'Allemagne et quelques autres pays.

En France, le premier à s'y risquer est l'immense Jacques Becker. Dans *Les Aventures d'Arsène Lupin*, sorti en 1957, le rôle-titre est tenu par Robert Lamoureux. En 1962, les enfants de Lupin, joués par Jean-Pierre Cassel et Jean-Claude Brialy – qui, d'ailleurs, incarnera en 1980 Lupin lui-même dans une mini-série de six épisodes intitulée *Arsène Lupin joue et perd* –, sont portés sur grand écran avec un succès relatif. Dès lors, et malgré quelques tentatives, il faudra attendre quarante ans pour que le gentleman cambrioleur refasse une apparition au cinéma sous les traits de Romain Duris.

Mais, entre-temps, c'est la télévision qui s'est emparée du personnage. Au Québec, tout d'abord, où le comédien local Jean Gascon chausse le monocle, et puis, surtout, en France, où, le 18 mars 1971, le public immédiatement conquis découvre un Arsène version Georges Descrières. Formé au conservatoire de Bordeaux, sociétaire de la Comédie-Française, l'immense comédien amène le personnage dans tous les cœurs de France et de Navarre en seulement deux saisons de treize épisodes chacune. À ses côtés, l'incroyable Marthe Keller en Natacha et l'irrésistible Roger Carel en commissaire Guerchard, faire-valoir dérisoire sans cesse roulé dans la farine. Et, en jeune premier qui débute, Bernard Giraudeau, 24 ans, venu du théâtre.

Pour la première saison, la musique est confiée au directeur artistique de Claude François, Jean-Pierre Bourtayre, et on demande à Dutronc de la chanter. Lanzmann écrit les paroles et Jacques leur donne vie, brossant un portrait tout en finesse, humour et dérision de ce monte-en-l'air au regard ravageur. Ce sera « L'Arsène », qui prendra place dans son cinquième album, sorti en 1971.

« L'Arsène » fait son entrée dans le hit-parade le 16 janvier 1971 à la quarante-cinquième position. Il y restera vingt-deux semaines, dont deux à la troisième place. Encore un tube au palmarès du gentleman crooner.

Un tube, oui, mais rien en comparaison de « Gentleman cambrioleur » qui, deux ans plus tard, illustrera la seconde saison. Affaire à suivre… dans quelques pages.

« LE FOND DE L'AIR EST FRAIS »

PRODUIT FRED

« Quand j'invite une jeune fille
C'est juste pour jouer aux quilles
Si elle se déshabille
Alors je m'égosille »

Dutronc est chaud bouillant dans sa folie musicale avec ce single surprenant de 1971, légère entorse à sa collaboration avec Lanzmann. Cette fois, c'est le dessinateur Fred qui écrit le texte gentiment dingo de ce single météorologique agrémenté d'un yodel frénétique.

On est en octobre 1971, et Dutronc dégaine un nouveau single. En face A, « Le Monde à l'envers » : du Lanzmann en mode révolution de salon, avec des rimes comme « Sur les Champs-Élysées, des paysans en smoking/ L'amour est ensemencé sur les trottoirs et dans les parkings », poussant la métaphore du roi Dagobert – oui, celui qui a mis sa culotte à l'envers – tout au long des 3'41" de ce drôle de 45 tours qui ne rencontrera évidemment pas le même succès que « L'Arsène », premier générique de la série *Arsène Lupin*, qui précède de quelques années le « Gentleman cambrioleur » de la deuxième et ultime saison.

En face B, une innovation un peu vaine : « J'avais la cervelle qui faisait des vagues », un des rares titres dont Dutronc signe paroles et musique, utilisant sur toute sa longueur le verlan, ce langage qui inverse les syllabes et deviendra populaire dans les années quatre-vingt grâce au fameux « Laisse béton » de Renaud, le chanteur énervant autoproclamé. Extrait du texte de Troncdu : « Quand elle était tiblo dans mes bras/ Je l'ai némeura à sa zonmai, un très techouai yonvipa […] Je l'ai duper un resoi de yaijui/ Dans un leba du téco de la yeutibasse/ Menvrai deulé c'est une yeufi que j'me dis/ Il faut que je la teujai. » Ça aurait pu être rigolo, mais le procédé s'avère vite n'être qu'un pénible gadget dont le seul intérêt est de modérer le côté misogyne de certains *lyrics*.

Sur l'album – le cinquième – contenant « Le Monde à l'envers » et cette digression en verlan, deux titres ont été écrits par Fred, le dessinateur qui fit ses classes dans le magazine satyrique *Hara-Kiri* – l'ancêtre de *Charlie Hebdo* – et dans l'hebdomadaire *Pilote*.

« L'âne est au four et le bœuf est cuit » reprend la métaphore de Jésus hippie que Philippe Labro avait expérimentée avec Johnny Hallyday dans « Jésus Christ », 45 tours sorti le 25 avril 1970. La chanson de Jacques ressemble même carrément à une suite, s'ouvrant sur ces lignes : « As-tu entendu la radio, Marie ?/ Jésus est aux États-Unis/ Cela n'a rien de rigolo/ C'est même scandaleux, Marie/ Il passe là-bas pour un hippie/ Mais oui ! »

C'est « Le fond de l'air est frais » qui sort en single, avec « L'Âne » en face B.

La rencontre entre Jacques et Frédéric Othon Théodore Aristidès – le nom de naissance de Fred – se fait en 1970 par l'intermédiaire de l'indispensable Wolfsohn, qui sollicite le dessinateur pour écrire des textes à Dutronc. En ce début des *seventies*, Fred s'est attiré les louanges de la critique et la ferveur des amateurs de BD poétique avec Philémon, son personnage créé en 1965, un grand dadais rêveur vêtu d'un pull rayé trop court qui arpente les cases de sa bande dessinée pieds nus dans un monde onirique, accompagné de son âne Anatole et de son ami Monsieur Barthélémy. Une quinzaine d'albums avec Philémon verront le jour, le dernier, *Le train où vont les choses*, sortant en 2013, l'année de la mort de son créateur.

Le coup de téléphone de Wolfsohn n'est pas pris au sérieux par Fred, mais le dessinateur accepte néanmoins de rencontrer Dutronc. Il en résulte une collaboration brève mais originale, avec tout d'abord un premier « livre-disque », « La Voiture du clair de lune », un petit conte de 12'40" dans lequel Dutronc joue tous les personnages, s'occupant même des bruitages. À l'intérieur, la BD de Fred accompagne le disque. Au verso du 45 tours, une photo de Dutronc et Fred illustrée avec des phylactères. Dutronc : « Tu n'as pas envie de faire un autre disque, Fred ? » Fred : « Hum ! » Dutronc : « Moi aussi. Tu as une autre histoire ? » Fred : « Hmm' ouais. » L'autre histoire, c'est « Le Sceptre », dans laquelle un bûcheron fabrique un sceptre magique pour un roi. Le format est le même, avec là aussi une petite BD en accompagnement des dix-huit minutes du conte.

Avec « Le fond de l'air est frais », c'est une vraie chanson à laquelle Fred s'attaque, et le résultat est plaisant, Dutronc apportant sa touche de folie avec ses yodels déjantés, retrouvant sur un mode plus paisible la transe de « La Compapadé ». La phrase qui donne son titre à la chanson est bien connue des lecteurs de Fred, puisque cette expression est couramment utilisée par ses personnages pour « combler ces grands moments de vacuité auxquels ils étaient parfois confrontés », comme le signalait le quotidien *Le Monde*. Gotlib l'utilisera même dans « Le Matou matheux », une histoire de sa *Rubrique-à-brac* mettant en scène Fred lui-même, devenu le temps d'une histoire un personnage de BD qui va aider un jeune écolier à résoudre un problème de calcul mental.

Niveau orchestration, « Le fond de l'air est frais » oscille entre chanson militaire et hymne scout, avec *handclaps* et répétition frénétique de « Laïho ! Laïho ! » – quarante fois ! Bref, on est une fois de plus très loin du tout-venant de la chanson française d'alors, et le public valide cette originalité en faisant de ce single un succès commercial.

La collaboration avec Fred accouchera d'un autre morceau, « L'Éléphant aveugle », inclus sur l'album *1972*. Ce sera l'ultime collaboration avec Fred, ce dernier estimant que l'indolence et l'excentricité de son partenaire de chanson ne lui convenaient plus.

Cet interlude BD reste une parenthèse enchantée dans la discographie dutronnesque, une jolie anomalie, et une façon de s'éloigner de l'hégémonie Lanzmann, qui truste alors la majorité des textes de Jacques. Fred, quant à lui, n'en a pas complètement fini avec la chanson, illustrant notamment, en 1988, la chanson de Brel « Les Bourgeois » dans un album souvenir consacré, cette fois, à un autre Jacques de la chanson française.

« LE PETIT JARDIN »

GARDEN PARTY À LA CHAUSSÉE-D'ANTIN

« De grâce, de grâce, monsieur le promoteur
Ne coupez pas mes fleurs »

Une grande nostalgie dans ce petit jardin, signal fort d'une métamorphose de Dutronc qui se dirige de plus en plus vers un style crooner d'obédience Dean Martin-Frank Sinatra, loin du beat stonien des débuts mais toujours avec cette élégance et cette décontraction ici mises au service d'un storytelling déchirant qui donne l'impression à l'auditeur trop sensible d'avoir une poussière dans l'œil…

Enfin, Dutronc donne un titre à son nouvel album, le sixième. Voici *1972*. Jacques est décidément un artiste à singles. 1972, une nouvelle année, fructueuse pour la variété française puisqu'on recense quarante-huit millions de singles et trente-trois millions d'albums vendus. Des chiffres qui feraient rêver les artistes du XXIe siècle qui ont vu disparaître le format vinyle et CD au profit du streaming, nouvelle façon de « consommer » – on ne dit plus « écouter » – de la musique. Polnareff fait alors scandale avec la fameuse photo cul nu signée Tony Frank illustrant sa Polnarévolution, ce qui lui vaudra une amende salée de soixante mille francs pour attentat à la pudeur ; C. Jérôme grimpe au sommet des charts avec « Himalaya » ; Cloclo passe « Le Lundi au soleil » ; et Claude Puterflam – l'ami de Dutronc dont le premier 45 tours sortit le même jour que « Et moi, et moi, et moi », sur lequel il jouait du tambourin – triomphe en solo avec « Gwendolina ».

C'est aussi l'année du décès de deux légendes made in France, Maurice Chevalier et Boby Lapointe, et celle de l'avènement solo de Paul Simon, ex-Simon & Garfunkel. Véronique Sanson sort son premier album, *Amoureuse*, produit par Michel Berger, en mars, tandis que le Suisse Patrick Juvet perce avec « La Musica ».

Dutronc, lui, poursuit son chemin de chanteur en franc-tireur et entame un nouveau cycle avec le morceau qui ouvre cet album, « Le Petit Jardin ». Sorti en single en mars 1972, ce titre au spleen puissant marque un tournant important dans la carrière de Dutronc. Moustache, smoking, nœud papillon et chemise à jabot pour le look de couverture du 45 tours, et thème écolo qui joue la carte du premier degré en évoquant la nostalgie d'une époque et d'un mode de vie en voie de disparition.

1972, c'est aussi l'année des premiers adieux au music-hall : après quelques dates à Tahiti au cours d'une desquelles Michel Polnareff viendra l'applaudir, Jacques quitte la scène. Il n'y reviendra que vingt ans plus tard, en 1992, pour une série de dates triomphales au Casino de Paris. « J'ai arrêté la scène quand Thomas est né, mais pas pour cette raison », expliqua Jacques à *Télérama* peu de temps avant ce retour. « Je n'ai pas encore fait le choix [des chansons du répertoire], mais je sais ce que je veux éliminer. “Le Petit Jardin”, par exemple, non que j'en aie honte, mais je n'aime plus ça. » La « chanson écolo » sera donc absente du tour de chant de 1992 mais fera sa réapparition, pour le bonheur des fans, lors de la tournée 2022.

Le morceau a rencontré un énorme succès et bercé une génération entière à une époque où l'écologie n'occupait qu'une place marginale dans la mentalité des Français. Lors de l'élection présidentielle de 1974 qui vit l'accession au pouvoir de Valéry Giscard d'Estaing, le candidat écologiste René Dumont – un agronome retraité de 70 ans, souvent vêtu d'un pull-over rouge – a beau innover en matière de communication médiatique – il roule à vélo, installe son QG sur un bateau-mouche, fustige la voiture qui « pue, pollue et rend con » –, il finit avec le score décevant de 1,3 % des suffrages exprimés.

L'enregistrement du titre se fait avec le grand orchestre de Jean-Michel Defaye, un collaborateur régulier de Léo Ferré avec lequel il a enregistré plus de cent cinquante morceaux. Un orgue de Barbarie vient accompagner la mélodie, histoire de raviver le souvenir de cette époque lointaine où l'on pouvait encore entendre cet instrument portatif joué dans les artères de la capitale par des musiciens de rue… ou l'Armée du Salut.

Si Jacques n'est pas fan de cette chanson pourtant si puissante, c'est aussi parce qu'il la trouve trop militante à son goût. Ici, pas ou très peu de second degré, mais un vrai plaidoyer que Jacques n'arrive pas à assumer, peut-être par peur de se retrouver malgré lui porte-parole d'une écologie politique, lui qui fuit tout engagement (sauf celui du service militaire, mais ça, c'est une autre affaire).

Pourtant, en 2020, Thomas va réussir à faire changer son père d'avis, comme il se le rappelle en 2022 : « Mon père ne voulait pas la faire… Mais il était très cool à cette époque-là, je ne l'avais jamais vu aussi cool. Il n'avait pas bu une goutte depuis quatre ans, il était hyper relax, vraiment gentil. Et il pensait aux autres, il était délicat et discret, je l'ai rarement vu comme ça. Je savais qu'il n'aimait pas du tout "Le Petit Jardin"… Enfin, il l'aimait bien, mais il la critiquait, il la trouvait un peu longue. D'ailleurs, on en fait une version courte sur scène. Je lui disais : "C'est une super belle chanson, la mélodie est géniale, je trouve que pour ce projet *Frenchy*, c'est l'une de celles qui collent le mieux au feeling jazz. On ne va pas faire 'Et moi, et moi, et moi' en swing !" Donc, ça s'est bien passé. » Et c'est ainsi que le jardin *seventies* s'est retrouvé sur l'album de Thomas, *Frenchy*, en 2020, puis dans la setlist de la tournée *D&D* de 2022.

« Le Petit Jardin » évoque un quartier bien connu de Dutronc, la Chaussée-d'Antin, dans le 9e arrondissement de Paris. Le chanteur a grandi au 67, rue de Provence, et il continuera d'habiter chez ses parents après ses premiers singles à succès avant de déménager… un étage plus haut. Françoise Hardy n'est alors pas très loin, rue d'Aumale, également dans le 9e.

« Le Petit Jardin » s'inscrit dans la grande tradition des chansons sur Paris, un thème brillamment abordé quatre ans plus tôt avec « Il est cinq heures ». D'autres suivront, comme « À la Seine » de Jean-Roger Caussimon et Léo Ferré en 1972, « Amoureux de Paname » de Renaud en 1975, « À Paris y a des ponts » de Bernard Dimey en 1976 ou « Allô Paris » de Mano Solo en 1993. Mais ce jardin secret de la Chaussée-d'Antin garde un indicible parfum de nostalgie pour tous ceux qui l'ont découvert à sa sortie sur RTL, la gorge serrée, un dimanche de « Stop ou encore »…

« L'HOMME DE PAILLE »

JOUR DE PAILLE

« On m'a fauché ma femme à blé
Bien qu'étant sur la paille
Je n'en ai pas fait tout un foin »

Quand un homme de paille épouse une femme à blé, c'est le point de départ d'une drôle de chanson à tiroirs, qui reprend un thème parallèle à celui de « L'Opportuniste » en égratignant les mœurs des politiques. Avec, peut-être, un sous-texte de Lanzmann destiné à l'interprète de ces paroles qui fleurent bon la campagne (électorale).

Lanzmann est-il l'auteur unique des textes de Dutronc ou ce dernier y a-t-il participé à plus ou moins grande échelle ? Sujet épineux qui ne date pas d'hier. Ainsi Philippe Bouvard écrivait-il, en 1967, dans le magazine gaulliste *Le Nouveau Candide*, en trempant sa plume dans le fiel : « Dès que son parolier Jacques Lanzmann ne lui livre plus à domicile, il se révèle incapable de prononcer un mot : que voulez-vous, les petites idoles, comme les grandes douleurs, sont muettes. »

Une formule lapidaire et souvent répétée par Jacques résume ce que le chanteur pense du résultat de cette collaboration houleuse : « Il faisait du prêt-à-porter, j'en faisais du sur-mesure. » Avec cet « Homme de paille » aux connotations politiques sous couvert d'humour grinçant, on retrouve le ton moqueur du chanteur. Mais de qui se moque-t-on ? Des hommes politiques ? Des hommes d'affaires ? Des gangsters ? Ou bien Lanzmann a-t-il, de manière habile et assez perverse, fait de Dutronc son homme de paille qui affirme à sa place les opinions qu'il écrit pour l'artiste ? Les possibilités sont multiples, mais elles importent peu, finalement, du moment que la chanson est bonne. Et elle l'est, grâce à l'interprétation de Dutronc, qui fait danser les mots avec une maestria qui n'appartient qu'à lui.

Pourtant, l'album *1972*, sur lequel est inclus ce titre grinçant, est un échec commercial. Seul « Le Petit Jardin » rencontre le succès en single, tandis que le très moyen « Tic Tic » est accueilli avec une certaine indifférence, méritée tant il est clair que Lanzmann, sur ce coup-là, ne s'est pas foulé (« L'amour, c'est comme le tiercé/ Faut savoir poinçonner »).

Interviewé en août 1972 par Denise Glaser dans la fameuse émission *seventies* « Discorama », Dutronc se livre sur ses liens ambigus avec Lanzmann, revenant sur la genèse de leur collaboration, et, par la même occasion, de sa métamorphose d'assistant de Wolfsohn en chanteur solo : « J'étais assistant, j'aidais un certain directeur artistique qui tenait une édition, et lui m'avait enfermé dans une petite pièce pour que je compose. Il se disait : “Bon ben, au bout d'un ou deux ans, il va sûrement en sortir deux, trois chansons”, ce qui est arrivé, d'ailleurs. Le soir, je faisais des séances jusqu'à minuit, j'étais totalement perdu, je peux le dire maintenant. Je servais plutôt de coursier, je prenais la bande et je la portais à la maison de disques. À part ça, j'avais surtout un petit bureau où j'auditionnais un tas de gens. J'ai pas trouvé quelqu'un de… enfin, j'en ai peut-être laissé passer, mais pas quelqu'un de connu. Si, il y a un jour un chanteur qui s'appelait Benjamin, qui était pas mal, cheveux longs… Lui, je lui ai fait des chansons ; d'ailleurs, ça a été le premier contact avec Lanzmann. Il a fait les paroles et ça l'a amusé. J'ai fait la musique, il a dit : "Tiens, comme c'est drôle, les chansons, je vais en faire d'autres." Je crois que les premières, c'était "Mini, mini" et "J'ai mis un tigre dans ma guitare". Donc, j'ai fait ça, et pour la présenter ou quoi que ce soit, je l'ai enregistrée sur un magnétophone. Lanzmann me dit : "Mais c'est très bien, pourquoi tu ne la chantes pas toi-même ?" Moi, je dis : "Mais enfin, pas question", surtout qu'à l'époque j'avais les cheveux bien rasés, j'étais en blouse, même, bien comptable, ça faisait pas tout à fait le truc voulu. Il m'a envoyé "Et moi, et moi" et "Les gens sont fous, les temps sont flous", j'ai donc fait les quatre titres, et puis j'ai dit : "Bon, ben je l'enregistre." Voilà. Et je suis venu vous voir. » Questionné par Denise sur son amitié avec Jacques Lanzmann, Dutronc répond sans esquive : « Ça va, il y a des hauts et des bas. Là, je pense que c'est en haut en ce moment… Tant que j'enregistre, c'est en haut. Mais sinon, ça va bien. Je n'ai pas beaucoup de rapports avec lui de toute façon. »

Il évoque sa solide amitié avec Johnny Hallyday – « Je le trouve assez impressionnant, plus que moi en tout cas, n'est-ce pas ? C'est vraiment un chic type » – et sa relation avec Françoise Hardy : « Il y a d'autres personnes que j'aime, il y a Françoise, bien entendu, vous savez, la petite grosse, enfin, elle, je l'aime pour plusieurs raisons, c'est la première personne qui a chanté mes chansons, ça m'a rapporté pas mal, d'ailleurs, et puis je l'ai trouvée toujours bien. Après, il y a quand même d'autres sentiments qui ont joué. Et puis c'est toujours bien ce qu'elle fait, en principe. Je lui ai fait une chanson dernièrement. J'attends. Je redémarre peut-être, on ne sait jamais. »

Étonnamment, il évoque par la suite son incapacité à être acteur : « Je ne pense pas que j'aurais des dons de comédien, c'est trop dur quand même. » Et pourtant, un an après cette interview, il tourne son premier film sous la direction de Jean-Marie Périer, *Antoine et Sébastien*, aux côtés de François Périer et Keith Carradine. « Pas dégueu », aurait conclu Gainsbarre.

« ADIEU MA VIE »

PRÉ-PARTUM BLUES

« Pourquoi soudain ce chagrin que je ressens
Pourquoi soudain je me sens tout chancelant »

Plus que quelques années et une poignée de chansons avant le premier split des deux Jacques. Comme pour devancer ce divorce entre l'auteur et le compositeur, Lanzmann écrit ce titre comme une lettre de suicide, ou peut-être un au revoir à celui qu'il aurait tant aimé avoir comme ami mais qui n'aura finalement été qu'un compagnon de route.

En 1972, Jacques donne la réplique à Sophie Darel, la complice télévisuelle de Guy Lux, sur l'anecdotique single « Quand un garçon », un entracte sucré qu'il ne prend guère au sérieux, lâchant avec un accent forcé des phrases comme « Chérie j'habite au cinquièèèèèè-meuh, mais avec vous, tea for two, ça s'rait fou ».

L'antépénultième chanson de la face B de l'album *1972* est un peu moins guillerette : « Adieu ma vie » est un morceau qui sent l'overdose médicamenteuse, la corde dans la maison du pendu, la fin du parcours, direction « le terminus des prétentieux », comme dirait Michel Audiard. Pourquoi donc Lanzmann a-t-il écrit un texte aussi lugubre, digne d'un dépressif au bout du rouleau ? L'orchestration somptueuse de Jean-Michel Defaye – une pluie de violons et une guitare acoustique baladeuse – donne du volume à cette complainte et la rend moins plombée que le seul texte pourrait le laisser croire.

Dans *Salut les copains*, Dutronc fait l'autocritique de l'album contenant ce titre funèbre : « Je reconnais que je fais de moins bonnes chansons. C'est un problème de musique car je ne suis pas couché sur ma guitare vingt-quatre heures sur vingt-quatre. Et j'ai une conception un peu spéciale de ce métier, de la radio, de la télé, etc. Je n'ai pas envie de me montrer ni de faire du charme aux programmateurs. Si certains parviennent à vendre des disques de cette manière, moi, ça ne m'intéresse pas. »

Une chose est sûre : l'ère du son rock british à la sauce Kinks-Rolling Stones fait partie de son passé. Le triste crooner prend la place du cynique rocker, ce qui déplaît d'ailleurs à certains de ses vieux camarades des débuts, comme Hadi Kalafate, qui lui reproche de s'être mis à chanter des morceaux légers et ouvertement comiques comme « Le Dragueur des supermarchés » et le compare à Elvis « qui se mettait à chanter des conneries ».

En 1972, ce n'est pas à la vie que Jacques dit adieu, mais à la scène, après les concerts dans le Pacifique, du côté de Tahiti. Selon l'installateur sono Jean-Marie Migeot, un ultime gala doit avoir lieu dans l'Oise après le retour des îles, mais n'ayant pas été payé, Dutronc demande aux musiciens de remballer leurs instruments et de rentrer à Paris. Migeot raconte la scène à Michel Leydier : « Tous les mecs étaient bourrés dans la salle. Quand on a commencé à démonter le matos, ils nous balançaient des bouteilles de bière dans la tronche. On a risqué notre vie, parce que quand tu annonces à des mecs dans cet état que le concert est annulé... Et on s'est tous retrouvés rue de Provence. Ça a été le dernier concert, et il n'a jamais eu lieu. »

En 2004, Jacques Lanzmann donne une de ses dernières longues interviews télévisées à Patrick Simonin sur TV5 Monde. Pendant vingt-cinq minutes, il revient sur sa longue carrière et son rapport avec celui auquel il sera éternellement associé, Jacques Dutronc : « Je me suis aperçu très vite que je ne pouvais pas écrire des paroles ciblées. Je ne suis pas un tailleur. Tout le monde m'a demandé des chansons, tout le monde continue à m'en demander, et on m'en demande sur des musiques qui ont été faites. Ça, je ne sais pas faire. Je n'ai pas l'oreille musicale, et tous les textes que vous connaissez, je les ai écrits pour moi. »

En guise d'épitaphe, Lanzmann, qui vient pourtant de travailler en Corse chez Dutronc aux textes de l'album *Madame l'existence*, a une vision lapidaire de cette collaboration qui s'est étendue sur environ quatre-vingt-dix chansons : « La Sacem qui tombe quatre fois par an, c'est ce qui reste de nous, pour lui comme pour moi. Il reste les chansons, mais, souvent, je me dis, s'il n'y avait pas eu cette rencontre avec Dutronc, comment je vivrais ? Est-ce que j'aurais eu sept enfants, est-ce que je pourrais assurer leur avenir ? Sur la corde raide parfois, mais ça, c'est ce qui reste positivement de notre rencontre. L'amitié est très loin. »

« ELLE EST SI... »

AU BONHEUR DES (GROSSES) DAMES

« Elle en veut tellement que je lui dis pouce
Et pour souffler, je lui lis Proust »

Première collaboration entre Jacques et Serge, cette chanson consacrée à une femme imaginaire – en tout cas, on l'espère – a fini en face B de « Tic Tic » et n'a guère été reprise depuis... Sauf par Gainsbourg lui-même, qui en fit un interlude parlé lors de son come-back scénique au Palace, en 1979, avec son gang jamaïcain. Dutronc, lui, l'exécute avec sa classe habituelle.

En 1972, quand Gainsbourg compose « L'Amour en privé » pour Françoise Hardy, celle-ci tient absolument à lui faire rencontrer son Jacques. Ce dernier est peu enthousiaste, mais l'insistance de Françoise fait son effet et les deux chanteurs se trouveront de multiples points communs, Jacques participant peu après la rencontre à « Top à Gainsbourg », l'émission télé des incontournables créateurs de variétés des *seventies*, Maritie & Gilbert Carpentier.

Plus de trente ans après la mort de Serge Gainsbourg, on se dit parfois qu'il n'aurait pas connu le même destin au XXIe siècle, durant lequel la montée de la *cancel culture* a amené certains jusqu'au-boutistes à pratiquer une révision historique, jugeant avec la mentalité woke d'aujourd'hui les œuvres artistiques d'hier. Et ce texte écrit pour Dutronc, que l'on retrouvera également dans la bande-son de son film de 1990 *Stan the Flasher*, n'aurait certainement pas résisté face à la ligue de vertu des *social justice warriors*.

Pourtant, quand « Elle est si… » sort, en avril 1972, en face B de « Tic Tic », écrit par Jacques Lanzmann, aucune réaction particulière ne vient troubler l'auteur ni l'interprète de ce morceau que d'aucuns qualifieraient de grossophobe, selon le sabir du XXIe siècle, alors qu'il n'est que le reflet de l'âme tourmentée de Serge. Est-ce à cette chanson ou à d'autres de son répertoire, comme « L'Hippopodame », auxquelles pense Gainsbourg lorsqu'il s'épanche en novembre 1973 à la télé, six mois après sa première crise cardiaque ? Voilà ce qu'il y disait : « J'avais quelques amis, j'en aurai un peu moins. Je deviens un peu plus difficile. J'étais déjà misogyne, je deviens misanthrope. Vous voyez, il ne me reste pas grand-chose, mais il me reste des choses essentielles comme mes enfants, ma femme et la création. Ça continue. Avec l'esprit plus lucide et les mains qui ne tremblent plus, enfin presque plus. L'apport de l'alcool et du tabac sur l'intellect, pour moi, c'était très nocif. J'étais tellement saturé que je restais des nuits entières sans rien trouver. J'allais assez vite… donc j'ai vu beaucoup de paysages défiler, mais j'ai accroché un platane, alors maintenant, je sais que je suis légèrement blessé au cœur… J'espère que ce n'est pas très grave, que je pourrai survivre. »

De quinze ans son cadet, Jacques n'a pas les mêmes problèmes de palpitant et n'a guère l'intention de lever le pied en ce qui concerne l'alcool et les cigares, qui vont bientôt devenir son signe distinctif, au même titre que les lunettes à monture blanche de Michel Polnareff ou le foulard rouge de Renaud.

La misogynie du texte est indéniable, elle est minorée par l'habileté d'écriture de Serge, qui propose une série de rimes en « ou », trois couplets de quatre strophes, avec une rédemption sur la fin du premier couplet : « Elle est si chatte que je lui dis mou/ Elle est si grosse que je lui dis vous/ Elle est si laide que je lui dis bouh/ Elle est si lady que je lui dis you. »

Gainsbourg la reprendra sous forme de poème sur la scène du Palace, en décembre 1979, avec cette intro éthylique : « Bon ben salut les mecs et les gonzesses, je vais vous dire pour dégeler un peu un petit poème que j'ai écrit un jour que j'étais bien pété. »

La version Dutronc – « accompagné par Jean-Marc Deuterre, Rolling et leur orchestre », annonce la face B du 45 tours – redonne de l'élégance à des *lyrics* en équilibre instable entre provoc' et mauvais goût. « Elle est si... » restera en tout cas dans l'histoire comme la première pierre d'une collaboration haute en couleur entre deux géants de la chanson qu'un amour des mots et des jouissances de la vie ont rapprochés, le début d'une amitié qui ne s'est jamais démentie.

Ce qui n'a pas empêché Dutronc de tailler Gainsbourg, comme en témoigne l'interview qu'il accorda à Jean-Marie Périer lors des concerts du Casino de Paris : « Serge, c'est quand même un des rares de ce métier qui ne parlait que de lui, mais bien quand même. Tu pouvais te casser les deux bras et les deux jambes, tomber du sixième étage et lui dire "Je ne pourrai pas te voir", et lui te répondait : "Oh moi, c'est pareil, j'ai une écharde." [...] Et ce que beaucoup n'ont pas compris, c'est qu'il n'a jamais été détruit par le gorgeon ni par la cigarette. C'était autre chose, sa destruction. Voilà, c'est tout. Si, le seul truc qui nous faisait marrer quand même, puisqu'il est mort on peut en parler – enfin, il est mort ; il est couché ! –, c'est que chaque fois on rigolait en pensant à Yul Brynner parce qu'on disait : "Quand les mecs meurent, les ongles et les cheveux continuent à pousser." »

« LE DRAGUEUR DES SUPERMARCHÉS »

DON JUAN DES GRANDES SURFACES

« Il est sympa et attirant
Mais méfiez-vous, c'est un truand »

Une amusante pochade agrémentée d'un accordéon musette : de quoi faire hurler les fans rock de la première heure mais satisfaire le grand public qui apprécie le Jacques nouveau, prêt à effectuer sa mutation de chanteur à acteur-chanteur grâce à Jean-Marie Périer.

1973 est l'année où Jacques élargit son champ des possibles en se lançant dans une carrière cinématographique qui le mènera à la récompense suprême, le César, avec une filmographie d'un rare éclectisme. C'est grâce à l'insistance de son ami Jean-Marie Périer que Jacques va se lancer dans la comédie, d'abord avec le court-métrage *L'Homme assis*, diffusé sur la troisième chaîne en mars 1973, dans lequel il partage la vedette avec Claude Piéplu. Quatre mois plus tard, il tient le premier rôle du deuxième long-métrage de Périer, *Antoine et Sébastien*.

Pas de quoi en faire un fromage si l'on en juge par cette citation qu'on lui attribue et qui donne une (fausse) bonne idée de son apparente indifférence au star-system : « Sur mon passeport, il y a eu "artiste de variétés" et "artiste lyrique". Maintenant, c'est "comédien". En fait, je suis sans profession. Je dépanne de temps en temps au cinéma ou dans les salles de spectacle, mais mon vrai métier, c'est cuisse de poulet arabe. Un métier extrêmement rare. »

Avec « Le Dragueur des supermarchés », Dutronc se met dans la peau d'un escroc apparemment avenant – de nos jours, Booba dirait « influvoleur » –, une fois de plus sous la houlette de Jacques Lanzmann.

En interview, Jacques a parfois fait référence, en biais, à ce single nimbé d'accordéon musette : « La drague a beaucoup évolué depuis mes débuts. Maintenant, on drague dans les supermarchés, c'est beaucoup plus facile. On trouve tout ce qu'on veut, à tous les étages. Il y a même un rayon nuptial si on veut vraiment se marier, et le rayon bricolage si on est un amateur douteux. Pour moi, tout va bien, j'ai trouvé mon rayon. »

« Chaque fois que j'entends le refrain du "Dragueur des supermarchés", j'ai l'impression qu'il imite Claude Piéplu en commissaire Andréani dans *Les Aventures de Rabbi Jacob*. Vu que le film est sorti la même année et que Dutronc n'était pas avare d'imitations, ce n'est pas complètement impossible. Ou alors les deux font référence à une tierce imitation de l'époque », spécule un commentaire du site Bide et Musique. Amusant, surtout si l'on considère que Dutronc et Piéplu viennent de tourner ensemble *L'Homme assis*.

Pur single, « Le Dragueur des supermarchés » n'est pas inclus sur un album. Il sera ajouté sur l'édition 2009 de l'album *Jacques Dutronc* – le sixième du nom – et apparaît sur de multiples compilations. On voit Jacques la chanter en direct en 1973 dans « Midi Première », l'émission de Danièle Gilbert, avec un sourire et un cigare aux lèvres tandis qu'un figurant à l'arrière-plan promène une femme, qui ressemble étrangement à Denise Fabre, dans un caddie de supermarché.

Quand sort le single, Françoise Hardy en est à son cinquième mois de grossesse. Quand elle accouche de Thomas à l'hôpital américain de Neuilly-sur-Seine, Gainsbourg s'y trouve aussi, sous surveillance médicale après son infarctus. De son lit d'hôpital, il envoie un petit mot, que Thomas a depuis encadré : « S'il est timide, ce sera un petit Thomas à la tomate. »

Jacques le dragueur s'ancre-t-il de plus en plus dans la conformité du couple classique ? Pas vraiment, puisqu'il ne fait pas encore vie commune avec Françoise, ce qui ne se produira qu'un an après la naissance de Thomas. Et vu que Jacques ne fait rien comme les autres, il va tenter d'échanger le bébé comme on échange un produit acheté au supermarché : « Quand je suis arrivé, on m'a montré une espèce d'aquarium contenant une cinquantaine de machins violets. Alors, j'ai demandé : "C'est lequel ?" Ils m'ont dit : "C'est celui-là." J'ai dit : "Je ne peux pas le prendre, celui-là, il est trop fripé. Donnez-moi plutôt cet autre, là, il m'a l'air mieux" » (cité par Gilles Verlant dans *Françoise Hardy, ma vie intérieure*, paru en 2002 aux éditions Albin Michel).

Est-il utile de préciser qu'il s'agissait là d'un trait d'humour dutronnesque ? Jacques adoube son fils et lui offre sa première télé, invitant au chevet de la maman les caméras du « Journal de 20 heures ». Quand le journaliste demande au jeune papa si cette naissance va affecter son mode de vie, il répond avec nonchalance (et un brin de provocation) : « C'est lui qui entre dans notre vie, on ne va pas tout transformer pour lui. C'est lui qui doit s'habituer. » Thomas est déjà en âge de marcher quand Jacques abandonne sa vie de garçon et son appartement de la rue de Provence où il vivait depuis sa naissance. Le couple et leur bébé emménagent dans un hôtel particulier du 14e arrondissement, près du parc Montsouris. La première adresse commune d'un couple à la vie peu commune.

« LA FRANCE DÉFIGURÉE »

MERDE EN FRANCE, VERSION LANZMANN

« Ma France bétonnée aux tours inhumaines
Ma France des déversoirs et des océans noirs »

Piano qui sanglote, violons lacrymaux, roulement de batterie et voix déchirante, cette chanson peu connue est l'une des plus belles créations de Jacques Dutronc, un titre qui transpire la nostalgie d'un pays qui meurt, comme une version nationale et *king size* du « Petit Jardin ». Un morceau à fleur de peau.

La carrière de Dutronc est jalonnée de hits, de singles lumineux, cyniques ou simplement géniaux. Mais il y a aussi les morceaux Dracula, ceux qui n'ont pas connu la lumière des spotlights et sont restés planqués dans l'ombre des faces B ou dans la nuit des albums méconnus. « La France défigurée » fait partie de cette seconde catégorie. Comment ce titre bouleversant a-t-il pu passer entre les mailles du filet des succès dutronniens ? Cinquante ans après sa création, il est temps de réparer cette injustice.

Le parolier Lanzmann fait ici feu de tout bois : on parle aussi bien de forêts coupées que de poulets hormonés, de CRS et de HLM, de papiers gras et de vins trafiqués. Majestueuse et d'une tristesse à fendre les pierres, la composition de Dutronc est portée par une orchestration mystérieuse : Jean-Pierre Sabard est le seul orchestrateur crédité sur l'album où apparaît le morceau mais il ne signe que six arrangements sur onze chansons, les autres – dont celle-ci – ne créditant aucun producteur ni arrangeur.

En single, la chanson devra se contenter d'une face B, au dos du morceau rigolo « Le Dragueur des supermarchés » illustré sur la pochette par une photo de Jacques pépouze sur un hamac tenant à la main ce qui ressemble à un pommeau de douche. Ce qui n'empêche pas RTL de classer « La France défigurée » numéro onze dans son hit-parade, tandis qu'Europe 1 joue la carte du « Dragueur des supermarchés », qui atteint la dixième position.

En 1973, un vieux pote de Jacques propose une reprise instrumentale de ce morceau splendide : Aimable, accompagné de son légendaire orchestre, offre une version accordéon de « La France défigurée » sur l'album *Le Bal à Aimable, Vol. 7*. Celui que l'on surnomme alors « le Ch'timi de la boîte à punaises », lui aussi signé chez Vogue, a fréquenté Dutronc lors de plusieurs galas. Une photo des deux artistes prise à Golfe-Juan durant les *seventies* au cours d'une tournée d'été montre Jacques jouant sur l'accordéon d'Aimable une version piano à bretelles de son hit « J'aime les filles ». Une scène d'autant plus exceptionnelle qu'Aimable Pluchard n'était guère du genre à prêter son instrument au premier venu.

« La France défigurée », c'est aussi une émission née à l'été 1971 et qui ne devait durer que le temps des vacances.

Animée par Louis Bériot et Michel Péricard, elle va provoquer de multiples débats et se prolonger jusqu'en 1978. Premier programme télé intégralement consacré à l'écologie, « La France défigurée » a marqué les esprits, en pleine période d'urbanisation à outrance, alors que l'écologie acquiert une visibilité médiatique.

En 1995, les Trente Glorieuses sont finies depuis longtemps, mais l'enlaidissement d'une partie du territoire reste d'actualité. Louis Bériot, devenu directeur d'antenne de France 2, programme une dizaine d'émissions encore intitulées « La France défigurée », avec des reportages signés Béatrice Le Métayer et François Amado.

La relative discrétion dont jouit cette chanson exceptionnelle a au moins eu un avantage, celui d'éviter qu'elle ne soit détournée de son propos initial par un parti politique prônant l'intolérance et la ségrégation des populations. Le morceau homonyme du groupe oï Colditz, qui semble aller dans ce sens – on ne peut que le supposer, les paroles beuglées étant quasiment incompréhensibles –, pourrait quant à lui servir d'hymne à la haine pour les bas du front, national ou pas. La chanson de Dutronc, en revanche, ferait belle figure dans une manif écolo ou pour illustrer un manifeste sur le réchauffement climatique.

« LE TESTAMOUR »

CRASH-TEST D'UN LOVER EN DÉTRESSE

« Je laisse Giscard à son destin
Je laisse Milou à Tintin »

« Que reste-t-il de nos amours ? » se lamentait Charles Trenet. Jacques donne sa réponse avec ce test amant sans prétention, l'occasion de name dropper son pote Johnny et de laisser Milou à Tintin (normal, Jacques préfère les chats). Encore un morceau rigolo, encore un zeste d'accordéon, bref, encore la magie Lanzmann-Dutronc.

Sur TV5 Monde, Lanzmann, dans les dernières années de sa vie, revient sur son métier et sa méthode : « Écrire en marchant, c'est impossible, sinon on écrit avec ses pieds, et c'est pas bon. Mais écrire en voyageant, cela m'est arrivé. En voyage, on se repose deux, trois jours, on peut continuer le roman qui est en cours. Mais je préfère quand même écrire chez moi, tranquillement, assis dans un fauteuil avec le chat qui ronronne. Avec ma femme, on a écrit un livre à quatre mains, mais, sur les cinquante-deux ouvrages que j'ai dû faire, j'en ai fait cinquante et un tout seul. Compositeur, non, auteur de paroles. Combien de chansons ? C'est très difficile. J'ai depuis quelque temps une idée, c'est de réciter moi-même sur un fond musical toutes les chansons que je possède et qu'on ne m'a pas prises, les meilleures bien sûr, sur une espèce de CD gigantesque. J'ai recherché, ça se compte par centaines… Quatre cents, cinq cents. Et de textes utilisés par Dutronc, il doit y en avoir quatre-vingts ou quatre-vingt-dix. […] À l'époque, par dérision, j'aimais bien les trucs un peu rétro et un peu démodés. Vous me direz qu'en 1963-1964, Dalida n'était pas démodée et Mireille Mathieu non plus. Mais enfin, c'est le genre de chanson que je n'aime pas beaucoup et je voulais aller au-delà, faire pire. Et j'ai commencé à faire pire avec "Et moi, et moi". […] Dutronc était très pétillant, très fin, spirituel… mordant. Et même mordant avec acide, le sens de la repartie et un humour complètement à lui, qui n'est pas le mien. Or, il se trouve que mon humour plus le sien, ça a fait quelque chose dont on parle actuellement. On n'a jamais eu de rencontre, lui et moi, c'est peut-être l'écart des générations. Il était plutôt sarcastique ; moi, je suis plutôt un type tendre, qui peut être très violent, mais j'ai besoin qu'on me félicite quand je fais quelque chose de bien, et Jacques ne m'a jamais dit "Ta chanson est formidable", de même que Wolfsohn ne m'a jamais dit "C'est bien". Il y a toujours un message dans l'humour, sinon ça devient quelque chose de très grave. Il y a des chanteurs de combat ; dans le rap, par exemple, on combat beaucoup. Je ne suis pas sûr que ce soit très efficace. Moi, je préfère un certain recul ».

Y a-t-il un tel message dans « Le Testamour » ? S'il existe, il est bien caché sous plusieurs écorces d'humour et de calembours (« Je laisse Johnny Hallyday/ Ma chemise au poker », magnifique).

Quand « Le Testamour » sort en single au mois de septembre 1973, on frise l'exercice de style : le texte utilise des noms de fameux duos (Juliette-Roméo, Laurel-Hardy, Poiret-Serrault) puis y ajoute quelques blagounettes, le tout sur fond d'accordéon, décidément l'instrument de prédilection de Dutronc, qui en a déjà placé un sur « Le Dragueur des supermarchés » et « J'avais la cervelle qui faisait des vagues ». Le musicien qui tient le piano à bretelles sur ces singles, c'est l'ingénieur du son André Bernot, qui va vite intégrer la garde rapprochée de Jacques, ce dernier l'amenant avec lui en tournée. Une vraie faveur qui coûte de l'argent à l'artiste et ne s'impose pas, vu le line-up du groupe et son répertoire, mais on parle d'un chanteur qui n'aime rien tant que d'être entouré de ses copains, ce qu'il prouvera une nouvelle fois en 1984 avec sa cohorte de Corses à balais-brosses pour la chorégraphie scénique de « Merde in France (cacapoum) ». Interviewé par Michel Leydier, Bernot est conscient de la situation : « Je casais des accords par-ci par-là, c'était un prétexte amical pour être du voyage. »

Un voyage non sans péripéties pour Bernot et pour tous ceux qui ont été victimes des canulars divers et parfois avariés de Jacques, capable de faire disparaître le fromage corse de Bernot et de le remplacer par des briques, ou encore de démonter la porte de sa chambre d'hôtel. Des *pranks* de gamin en colonie de vacances qui donnent une idée de l'ambiance folle des tournées et de l'immaturité joyeusement assumée de la vedette qui vit alors sa meilleure vie, entre cigares, Lamborghini et restaurants de luxe. Ce qui changera quelque peu dès le 16 juin, date de naissance du fiston Thomas, guitariste émérite et future moitié du duo Dutronc & Dutronc pour la tournée triomphale de 2022.

« GENTLEMAN CAMBRIOLEUR »

LUPIN RUPIN

« Quand il détrousse une femme
Il lui fait porter des fleurs
Gentleman cambrioleur
Est un grand seigneur »

Générique de la seconde et dernière saison du feuilleton qui passionna la France des *seventies*, ce morceau qui met dans la lumière le plus classe des monte-en-l'air est illuminé par un saxophone aussi dominant que l'était la flûte d'« Il est cinq heures ». Et, pour une fois, aucun des deux Jacques n'apparaît à l'écriture ni à la composition.

Grand fan de Dutronc, le rappeur Stomy Bugsy a fini par faire un duo avec lui, « Une tombe à la place du cœur », sorti en 2000. Logique, donc, que le générique de la seconde saison du feuilleton *Arsène Lupin* l'ait séduit : « On a grandi avec Dutronc. Il a fait ses plus grands cartons dans les années soixante, soixante-dix. Comme je suis né en 1972, j'ai baigné dans ça sans le savoir, "Paris s'éveille", "Et moi, et moi" et, surtout, à la télé, Arsène Lupin avec sa chanson géniale. "Gentleman cambrioleur", c'est un peu le gangster d'amour ! Ça me colle à la peau, c'est très américain et en même temps très français. Georges Descrières est super, mais, ce qui fait la série, c'est vraiment le générique à la James Bond. Sans lui, ça n'aurait pas été pareil. »

Stomy fera même une reprise du morceau à la télé : « Canal + m'avait appelé pour une émission spéciale sur lui et j'avais fait une reprise rappée de "Gentleman cambrioleur", qu'on lui avait montrée pendant le documentaire. »

Après le succès lié à la diffusion des treize premiers épisodes, l'ORTF signe un bon de commande pour treize supplémentaires. Partant du principe qu'on ne change pas une équipe qui gagne et, surtout, qui plaît, le casting est conservé dans son intégralité : Georges Descrières récidive dans le rôle-titre du monte-en-l'air qui détrousse les riches et séduit leurs femmes. À ses côtés, Marthe Keller et Roger Carel sont de retour.

On garde tout le casting, ou presque. Selon la rumeur, la chanson du générique est d'abord proposée à l'éternel rival fantôme, Antoine, qui refuse, avant d'être finalement donnée à Jacques qui, lui, accepte.

« Gentleman cambrioleur » est un titre qui n'est ni écrit par Lanzmann ni composé par Dutronc. Les paroles sont signées par le tandem Yves Dessca-François Harvel et la musique Jean-Pierre Bourtayre, un casting intéressant sur lequel il est bon de s'attarder quelques instants.

D'abord, Jean-Pierre Bourtayre. Gros CV : directeur artistique de Claude François, pour lequel il composa des dizaines de titres – parmi lesquels les deux derniers tubes disco de l'artiste, « Magnolias for Ever » et « Alexandrie Alexandra » –, mais aussi pas mal de succès pour Michel Sardou, Eddy Mitchell, Marie Laforêt, Françoise Hardy, et même un titre pour Elvis Presley, « My Boy ».

Lorsque la production confie à Bourtayre la direction artistique d'*Arsène Lupin*, il vient de faire gagner Monaco au concours de l'Eurovision 1971 avec la chanteuse Séverine et « Un banc, un arbre, une rue », dont les paroles sont écrites par son ami Yves Dessca. Ce même Dessca qui – en plus d'être parolier de Cloclo, Sardou et beaucoup d'autres – remportera le concours pour la deuxième fois consécutive en 1972, cette fois-ci sous la bannière du Luxembourg, avec une chanson interprétée par Vicky Leandros, « Après toi ».

C'est donc une équipe capée qui s'attelle à « Gentleman cambrioleur », et avec beaucoup de talent. Si l'instrument en deuxième ligne sur « L'Arsène », générique de la première saison, était un violon tzigane, celui qui fait la différence dans la deuxième saison, c'est indéniablement le saxophone, langoureux comme celui du « Careless Whisper » de George Michael.

Fait intéressant et un peu frustrant : que ce soit en couverture du 45 tours, sur laquelle on voit Jacques en smoking, nœud pap et écharpe blanche au cou, ou du 33 tours de 1975, sur laquelle on retrouve la chanson, le nom du musicien n'est cité nulle part.

Si l'on sait de source sûre que, sur « Il est cinq heures, Paris s'éveille », c'est une improvisation à la flûte de Roger Bourdin qui fit entrer le morceau dans l'histoire, il est envisageable d'imaginer que, sur « Gentleman cambrioleur », le saxophone soit tenu par Fausto Danieli. De son vrai nom Fausto Papetti, ce musicien italien enregistra, entre 1971 et 1973, quelques disques de *easy listening* sous la houlette de Jean-Pierre Bourtayre. Donc, peut-être que…

« Gentleman cambrioleur » entre dans le hit-parade en janvier 1974. Il en sortira treize semaines plus tard. Son meilleur classement – neuvième – est moins bon que son prédécesseur. Pourtant, c'est bel et bien le « Gentleman » qui entre dans la légende d'Arsène Lupin, et dans celle de Jacques par la même occasion.

Près de cinquante ans plus tard, l'Arsène du XXIe siècle change d'époque et d'ambiance sur Netflix, avec Omar Sy en descendant de Descrières. Mais, cette fois, les auteurs de cette résurrection ont fait l'impasse sur le générique chanté. Ils auraient dû demander à Dutronc.

« L'AMOUR PRISON »

AMOUR LIBRE

« J'lui paie un Coke
J'la fous en cloque »

Chanson matrimoniale à tiroirs écrite par Gainsbarre, cette ritournelle impeccablement interprétée par un Jacques en grande forme est l'un des hauts faits d'une collaboration fructueuse entre les deux géants de la chanson française. Malgré le titre carcéral, Dutronc finira par se mettre la corde au cou avec Françoise Hardy, en 1981, quelques années après ce plaidoyer pour l'amour libre.

« L'Amour prison » – à ne pas confondre avec le titre homonyme de Jeane Manson écrit par Didier Barbelivien, en 1989, ni avec celui de Charles Dumont, écrit par Sophie Makhno en 1978 – est du Gainsbourg grand cru, une habile digression sur le mariage, un thème qui colle bien à Dutronc, qui, en cette année 1974, est en union libre avec Françoise – ils ne se marieront qu'en 1981 – et peut donc assumer ce texte dans lequel il rencontre sa « codétenue » lors d'un bal au bord de l'eau. Et pour ce qui est de la « foutre en cloque », c'est chose faite depuis 1973, l'année de la naissance de Thomas, leur fils unique.

Cette lune de miel textuelle avec Gainsbourg est prolifique : en mars, dans « Top à Jacques Dutronc », une émission spéciale qui lui est consacrée, Dutronc chante un titre inédit arrangé par Jean-Claude Vannier, « Les filles, c'est du flipper ». On y découvre Jacques en costard nœud papillon, taille miniature, le pied posé sur le bumper du 100 tandis que Jane Birkin danse en poom poom short et veste dorée sur la façade du flipper Williams.

On entendra également, cette année-là, le trio Dutronc-Birkin-Gainsbourg dans « Top à Serge Gainsbourg », le show des Carpentier diffusé le 4 mai – soit la veille du premier tour des élections présidentielles qui verront Giscard triompher de Mitterrand – pour un titre inédit plutôt anecdotique, « Les Lolos de Lola ». Munie de faux seins à la Lolo Ferrari – 95 B+ à l'infini – sous une robe calquée sur celle de Marilyn Monroe dans *Sept Ans de réflexion*, Jane se promène sous le regard lubrique de deux troufions incarnés par Serge et Jacques, le tout filmé en contre-plongée afin de voler quelques plans culotte. « As-tu vu, Lulu, les beaux lolos de Lola ? » chantonne Jacques avec son air de crooner, qui conclut l'interprétation gentiment polissonne par un « surtout le gauche ! » goguenard.

Faible audience télé pour cette émission – devenue culte – car Gainsbourg n'a pas encore le statut de star qu'il acquerra en 1980 avec son album reggae *Aux armes et cætera*. La grivoiserie pourtant si française de ce sketch et des autres qui émaillent le programme ne plaît guère aux chroniqueurs télé de l'époque. Ainsi, le critique de *L'Union* de l'Aisne écrit-il alors : « Samedi soir, nous avons connu le "Top" du mauvais goût avec le couple Gainsbourg. Pas moins d'une heure et demie a suffi à nous assassiner d'ennui avec un programme sorti des poubelles du nouveau chic parisien. Tout y est prétentieux, grossier et surtout incompréhensible. Pourquoi invite-t-on Serge Gainsbourg ? Il n'a aucun talent, il est sale et mal rasé. » À part le commentaire capillaire, rien ne va dans ce compte rendu lapidaire qui a le mérite de rappeler la haine féroce de la province à l'égard de la capitale et montre bien que le style Gainsbarre qui commence à émerger n'est pas du goût de la PQR.

Nice-Matin en rajoute une couche et résume bien les goûts des journalistes musicaux d'alors sous la plume élégante de la délicate Monique Forte : « Personne de sensé n'aime Serge Gainsbourg. Il est dépravé, méprisant et chante comme un drogué. Il nous a été réservé de le voir samedi dans un parking de terrain vague, crasseux, tel qu'en lui-même, dégurgitant des chansons que personne ne comprend, appréciées peut-être par un public averti, en tout cas pas par celui de 20 h 30. On respire de savoir Annie Cordy au programme de la semaine prochaine. » Effectivement, des « Lolos de Lola » à « Frida Oum Papa », on comprend le soulagement de Monique.

Pour « L'Amour prison », Gainsbourg a sorti ses meilleures rimes, invente le mot « psyloque » deux ans avant la création de Psylocke, une mutante des Marvel Comics, inventée par Chris Claremont, qui fait son apparition en décembre 1976. Il joue sur les doubles sens (« Je lime en douce mon barreau »), fait rimer « paddock » et « five o'clock », invente la métaphore de la « porte sans issue » (le mariage, donc) et utilise avec panache l'antanaclase, cette figure de style consistant à utiliser le même mot avec un sens différent, ici « Je lime en douce mon barreau/ Quel crime ai-je commis, messieurs du barreau ? »

Fun fact : c'est en recroisant Jean-Pierre Sabard, directeur d'orchestre sur l'album de Dutronc, que Gainsbourg en fera son arrangeur de prédilection pour les années à venir, appréciant le travail effectué par Sabard sur cet album sorti en 1975 et titré *Jacques Dutronc* (oui, on sait bien que Jacques n'est pas un artiste d'album, comme en témoignent ses six LPs homonymes).

C'est Sabard qui gérera le chaos éthylique de *Guerre et Pets* et travaillera avec Serge jusqu'en 1980, date de leur séparation artistique, que Jean-Claude Vannier avait prévue, comme Sabard l'a raconté à Gilles Verlant : « Quand Gainsbourg, qui s'était frité avec Vannier, m'a proposé de prendre la suite, j'ai aussitôt appelé Jean-Claude pour le lui dire, et il m'a répondu : "Vas-y, ne te gêne pas pour moi. De toute façon, un jour ou l'autre, il te jettera comme il m'a jeté. Il l'a fait avec tous ses arrangeurs." Et c'est vrai qu'il a fini par me larguer, mais notre collaboration a duré jusqu'à la bande originale de *Je vous aime*, en 1980. »

Malgré le succès en 45 tours du « Testamour » et de « Gentleman cambrioleur », l'album ne rencontrera pas son public. Il faut dire que, en 1975, Dutronc sort de *L'important c'est d'aimer* et va se concentrer sur sa carrière cinématographique, mettant son activité de chanteur en mode pause pendant quelques années… Jusqu'à son album gazeux avec Gainsbourg.

« LES ROSES FANÉES »

OLD SCHOOL LOVE

« J'aime les vieilles guenons
Ces vieilles chouettes
Ça sent chouette
L'after-shave lotion »

Drôle et cruelle à la fois, voilà une chanson qui serait aujourd'hui vouée aux gémonies et accusée de tous les maux. Elle fit pourtant partie du tour de chant de Dutronc en 1992 et porte la marque indélébile de Serge Gainsbourg, auteur et compositeur de cette love story gérontophile et tarifée.

Est-ce bien Jane Birkin qui susurre « gigolo, gigolo » tandis que Jacques croone sur un instrumental au piano ? Le morceau étant écrit et composé par Gainsbourg, le doute n'est pas permis, même si le 45 tours original ne comporte d'autre crédit que celui de Jean-Pierre Sabard à la direction d'orchestre.

Sortie en 1975 et placée en face B du single « L'Île enchanteresse », cette création gainsbourienne est un rôle de composition pour Jacques, qui y incarne un escort boy pratiquant les relations tarifées avec des dames d'un certain âge, ou plutôt d'un âge certain.

Le thème du gigolo n'est pas nouveau pour Gainsbourg. Outre le fait qu'il a déjà utilisé le mot dans sa chanson « L'Hippopodame », en 1973 (« C'est pas une mince affaire, c't'hippopodame/ Avec un D comme dans gigolo »), il en a carrément fait le thème d'un morceau composé pour Régine dans « Top à Régine », émission diffusée le 11 novembre 1972 : on note douze occurrences du mot dans le très anecdotique « Qu'il est rigolo mon gigolo », le genre de compo que Serge semble être capable d'écrire en quelques minutes, avec ici une rime unique, gigolo-rigolo.

Dans *L'Intégrale et cætera* (Éditions Bartillat), on apprend que c'est Jean-Pierre Cassel qui devait être l'interprète du titre, mais Dutronc lui grilla la politesse en le chantant pour la première fois, en mars 1974, dans son « Top à Jacques Dutronc » avec Jane et la participation de Gainsbourg, venu faire la guest-star.

Dutronc, qui arbore son plus beau sourire et un nœud papillon noir *king size*, chante au côté de Serge, qui lui donne la réplique en multipliant les grimaces rigolotes, comme pour illustrer le côté décalé et ironique d'un texte original et politiquement incorrect, comme on dirait aujourd'hui. Jane Birkin offre quant à elle son plus beau sourire pour répéter « gigolo, gigolo », dans la même tenue sexy (veste dorée et short feu de plancher) que celle de la prestation télévisée de « Les filles, c'est du flipper » dans le même programme. Il récidivera à la télé avec Jane B., en octobre 1976, pour le « Numéro un à Jane Birkin ».

L'amitié entre Jacques et Serge est solide, et elle sera même à l'origine d'une chanson de Serge, « L'Aquoiboniste », dont l'inspiration viendrait du personnage Dutronc (et aussi de plus loin, en l'occurrence d'une chanson de 1893 titrée

« Le Jeune Homme triste »). Selon Gilles Verlant, le morceau fut refusé par Françoise Hardy. Dans *L'Intégrale et cætera*, l'auteur affirme que le titre fut écrit pour Dutronc, qui « le déchira ». Peut-être à cause de la phrase un peu vacharde « Un modeste guitariste qui n'est jamais dans le ton/ À quoi bon ? »... La chanson sera finalement interprétée par Jane Birkin, en 1978, et incluse sur son album *Ex-fan des sixties*.

Dutronc semble avoir apprécié la création de son pote puisqu'il reprendra « Les Roses fanées » sur scène en duo avec Joaquina Belaunde lors de sa résidence d'un mois au Casino de Paris, en 1992, un an après la disparition de Gainsbourg, qui s'est barré le 2 mars 1991.

En 1990, le groupe rock français Les Soucoupes Violentes en fait une reprise anecdotique, et, en 2009, c'est à la sauce jazzy cool que le Modern Jazz Quartet s'empare de ce titre avec André Ceccarelli à la batterie, celui-là même qui accompagnait Dutronc en 1992 au Casino de Paris, notamment sur... « Les Roses fanées ».

« LA BALLADE DU BON ET DES MÉCHANTS »

NOSTALGIE AU BALAJO

« Sur les photos de ma jeunesse
Une étrange tendresse
L'amour en noir et blanc »

« Cette bluette permet de rappeler que, rayon crooner, Dutronc envoie du bois aux feuilles. » Une citation d'Alister dans la revue *Schnock*, dont le numéro 14 offrait au dit crooner un dossier de soixante pages qui résume bien la magnificence teintée (sépia) d'une indicible nostalgie. Et confirme en 1976 la rupture textuelle avec Jacques Lanzmann, remplacé le temps d'une ballade par Philippe Labro, qui fait rimer slow et Balajo.

Après « Gentleman cambrioleur » écrite l'année précédente par Yves Dessca et Franck Harvel, la (première) rupture avec le parolier Lanzmann est consommée avec cette ballade que l'on doit à Francis Lai – pour la musique – et Philippe Labro – pour les paroles. Quand un journaliste lui parlait de la notoriété accrue de Lanzmann grâce aux textes qu'il lui écrivait, Dutronc répondait : « Oui, et ce n'est pas tout ce que je lui rapporte. Il a une très jolie maison en Normandie. » Une boutade ? Sûrement. Mais peut-être aussi l'agacement du chanteur quand la visibilité de l'auteur commence à lui faire de l'ombre. Boris Bergman n'affirmait-il pas que son éloignement d'Alain Bashung avait commencé à la suite d'un article de Bayon et Patrick Duval paru dans *Libération* et titré « Boris Bergman, l'homme auquel Bashung doit 50 % de son succès » ?

On retrouvera brièvement Lanzmann en 1980 sur deux titres de *Guerre et Pets*, « Manque de tout » et « La Vie dans ton rétroviseur ». Une dizaine d'années plus tard, après la disparition de Serge Gainsbourg, Lanzmann propose à Dutronc une collaboration hommage, refusée par le chanteur : « Pour l'hommage à Gainsbourg, non. On ne va pas s'amuser à faire des soldes derrière lui. Il est encore dans ma mémoire et dans ma vie, mais de là à faire un hommage, non, non, non. Il y aura bien un con pour faire une comédie musicale sur lui. » Gag : Gainsbourg avait refusé de travailler à l'adaptation de la comédie musicale *Hair*, laissant la place à… Jacques Lanzmann, qui en fit ses choux gras et alimenta son compte en banque. L'ultime collaboration aura lieu en 2003 pour l'album *Madame l'existence*, sur lequel Lanzmann coécrit sept morceaux, trois ans avant sa mort, le 21 juin 2006.

Toujours est-il qu'au mitan des *seventies*, les auteurs se succèdent au chevet des musiques de Dutronc, comme ici le tandem Labro-Lai pour le générique d'un Lelouch en sépia, *Le Bon et les Méchants*, dans lequel Dutronc, dont c'est le quatrième long-métrage, incarne un petit gangster que la Seconde Guerre mondiale va transformer en héros résistant malgré lui.

« Avec Lelouch, à condition de n'entretenir avec lui que des rapports d'amitié, tu ne peux pas avoir de mauvais souvenirs », se rappelait Jacques. « Même si on a le texte cinq minutes avant… Ou après, d'ailleurs. » Au quotidien *Libération*, Dutronc défend Lelouch et lance une pique aux réalisateurs plus intellos : « Claude, au moins, il a un truc, peut-être mal exprimé, il aime le cinéma. Certains devraient aimer le cinéma au lieu d'en faire. »

Pourtant, Claude Lelouch n'a pas travaillé avec Dutronc chanteur : « J'ai fait beaucoup de Scopitones, donc j'ai travaillé avec tous les chanteurs et chanteuses de l'époque, de Françoise Hardy à Dalida, en passant par Claude François, Johnny Hallyday, évidemment, Claude Nougaro… Je vivais avec eux dans ce milieu. Et, bien sûr, il y avait Dutronc, avec qui je n'ai pas fait de clips, avec qui on n'a pas fait de Scopitone à l'époque, mais qui m'amusait tout le temps. Je veux dire que chaque fois qu'il intervenait, j'étais curieux de ce zozo, de ce personnage un peu hors norme. Et c'est vrai que chaque fois qu'il s'exprimait à la télé ou à la radio, j'avais envie de l'écouter parce que je trouvais qu'il avait effectivement un regard à la fois optimiste et désabusé sur le monde dans lequel on vivait. Donc j'ai été très curieux de lui. Ensuite, j'ai vu qu'il avait fait ses débuts au cinéma avec Jean-Marie Périer. Puis, un jour, j'ai pensé au *Bon et les Méchants*, au couple formidable qu'il ferait avec Jacques Villeret et qu'on pourrait travailler ensemble. C'est à ce moment-là qu'on s'est rencontrés. »

Dutronc est encore un jeune acteur : après son premier film, *Antoine et Sébastien*, il donne la réplique à Mireille Darc dans la comédie *OK patron*, puis il tient son premier grand rôle tragique sous la direction d'Andrzej Zulawski dans *L'important c'est d'aimer*, avec Romy Schneider, Fabio Testi et Klaus Kinski. *Le Bon et les Méchants* est donc son quatrième film.

Alain Chamfort, qui, à l'époque, voyait souvent Jean-Marie Périer en studio, se souvient de l'adulation du photographemetteur en scène pour Dutronc, qu'il convainquit à grand-peine de franchir le pas et de devenir acteur. « Jean-Marie était amoureux de Jacques, il disait le moindre truc et Jean-Marie était mort de rire, il était vraiment client. Jacques était charismatique, il avait ce truc à part, un peu fourbe, il faisait ses blagues en catimini, genre il sonnait à une porte et s'en allait en courant. Il avait le sens de l'imitation, il savait repérer les tics des uns et des autres. Caricaturiste aussi, il dessinait très bien. Tout ça faisait que c'était un type qui ne laissait pas indifférent, c'était un leader naturel. Il était aussi un peu machiavélique, il essayait de monter les uns contre les autres, il utilisait sa cour pour créer des tensions, c'était spécial. Quand on était seul avec lui, c'était un mec génial, très doux, attentif. Mais dès qu'un troisième luron arrivait… »

Lelouch, comme Périer – qui l'a surnommé « Sex » –, craque sur la personnalité unique de Jacques : « Je crois qu'on est très vite tombés, je ne dirais pas en amour, mais en amitié. C'était quelqu'un de très agréable, à la fois sur le plateau et en dehors du plateau. J'aime bien avoir avec les acteurs un rapport extra-professionnel, dans la mesure où la direction d'acteurs se fait plus dans un dîner ou en déconnant que sur le plateau au moment du tournage. Donc, j'ai trouvé un compagnon de vie très agréable, un ami, mais aussi un grand professionnel. Moi, j'aime bien de temps en temps avoir ce qu'on appelle des récréations. Et je trouve que dans la récréation, il est très fort. Pendant un certain temps, mais surtout pendant le tournage, on a eu des relations à la fois amicales, professionnelles, qui faisaient qu'on pouvait parler librement. On pouvait dire des conneries et des choses intelligentes de temps en temps. »

L'image que commence à se forger le chanteur, celle du play-boy cynique aux Ray-Ban® fumées et au large cigare, ne trompe pas Claude Lelouch, qui a su voir derrière les verres de mercure et ne tarit pas d'éloges : « Il se cache derrière ses lunettes et son cigare, mais en fait, quand il se cache, on apprend beaucoup de choses. C'est quelqu'un qui est dans mon cœur, que j'aime beaucoup. Et si, demain, il m'appelle à 3 heures du matin pour me demander quoi que ce soit, je serai présent. Dans un monde de faux culs, il échappe à ça. Par les temps qui courent, c'est une énorme qualité qu'il a. Voilà, c'est un garçon que j'aime beaucoup. Je me suis régalé avec lui pendant le tournage. Il m'a montré qu'il était un très, très bon comédien, un très bon camarade pour les gens avec qui il jouait. Et puis, il ne complique pas les choses, il est là pour les simplifier. Je n'ai que du positif. De plus, il y a cette magie qui fait qu'à un moment donné le grand public se retrouve derrière lui. Son fils Thomas est formidable aussi, et Françoise Hardy est une femme merveilleuse. À mon avis, il a fait un parcours exemplaire dans ce métier, qui est un métier tordu, compliqué, fait de jaloux, d'envieux. Il a réussi à passer à travers les gouttes de la connerie. »

La chanson qui illustre le film est composée par le regretté Francis Lai, avec des paroles ciselées par Philippe Labro. Une rareté que de voir Dutronc jouer et de l'entendre chanter dans un film, mais rien que de très naturel pour Lelouch : « Quand on a Dutronc, on a envie qu'il chante. Il l'a fait très gentiment. C'était naturel. Ce n'était pas une chose extraordinaire, ça ne relève pas d'un exploit de faire chanter Dutronc. Il a très vite compris que ça servirait le film. Vous savez, Jacques, il vous dit oui ou il vous dit non. Quand il vous dit oui, il vous donne tout. Je me rappelle, un jour, je voulais faire un film avec lui et Alain Delon. Il m'a dit oui, et puis Delon m'a dit non. Donc le film ne s'est pas fait, mais pas à cause de Dutronc. Encore une fois, dans ce métier, les choses se font ou ne se font pas. Et puis, surtout, je me souviens de sa bande. Parce que quand vous engagez Dutronc, vous engagez sa bande, il n'arrive pas tout seul.

Il arrive avec ses copains, ses cigares, quelques bouteilles. J'ai trouvé ça formidable. Je souhaite à tout le monde d'avoir un copain comme Jacques Dutronc. »

La chanson est le résultat d'une alchimie parfaite entre Lelouch, Dutronc, Lai et Labro, comme s'en souvient aujourd'hui le réalisateur : « J'avais bien sûr parlé du film avec Francis Lai puisqu'il était la première personne à qui je racontais mes histoires. J'en ai parlé à Philippe Labro, à Jacques, et puis on s'est mis d'accord. Mais c'est vrai que c'est une très jolie chanson, avec un très beau thème. Chaque fois qu'on s'est revus, Jacques et moi, j'ai eu le sentiment qu'on était contents de se revoir, donc ça veut dire qu'on a laissé tous les deux des traces sympathiques. Je suis allé le voir deux fois en Corse, et c'était deux moments merveilleux. Quand je pense Corse, je pense Dutronc. Parce que, pour moi, c'est le plus corse de tous les Corses. Et puis je suis allé le revoir avec les Vieilles Canailles. Il y avait mes trois potes qui étaient là, parce que j'ai tourné avec les trois. J'ai tourné avec Johnny, Eddy et Jacques, et j'étais ému de les voir tous les trois. J'étais même jaloux de ne pas avoir eu cette idée de les faire chanter tous les trois ! »

Philippe Labro, boulimique auteur-réalisateur-écrivain-patron-homme de radio-personnalité télé, a mis dans la bouche de Jacques ces *lyrics* d'une rare élégance. Quarante-sept ans plus tard, dans son bureau parisien au Trocadéro, il se souvient avec émotion de cette collaboration avec le compositeur Francis Lai. « Ce qui est évident, c'est que de toutes les chansons que j'ai écrites, c'est celle que je préfère. J'ai beaucoup de tendresse pour cette chanson d'amour. Le film, c'est l'un des meilleurs Lelouch. Claude a eu l'intelligence d'aller chercher le sépia pour montrer les années d'occupation, de résistance et de collaboration. Encore aujourd'hui, c'est le grand roman français, le roman du XXe siècle.

Et puis il y a les comédiens et la construction, la narration. Alors la chanson elle-même, ce n'est pas compliqué. Claude, je le connais depuis toujours. Il m'a même fait tourner dans l'un de ses films, j'ai été le gigolo de Michèle Morgan dans *Le Chat et la Souris*. On se connaît depuis toujours, on se respecte, on s'estime mutuellement. Et il m'appelle un jour en me disant : "Je viens de faire un film, ça s'appelle *Le Bon et les Méchants*. Il y a mon ami et mon compositeur favori, Francis Lai, qui va faire une musique. Est-ce que tu veux m'écrire les paroles ?" "Oui, sûr. Il faut que je voie le film." Donc j'ai vu le film, enfin des extraits. Ça m'a inspiré tout de suite. Je l'ai écrite assez rapidement. Je ne savais pas que c'était Jacques qui allait l'interpréter. J'y ai mis deux ou trois formules qu'encore aujourd'hui des amis me citent. J'ai un copain assez connu qui, presque chaque fois qu'on se rencontre, me chantonne "Sur un air de slow/ Au Balajo"… Et j'y ai mis, je ne sais pas, un peu de charme, un peu de nostalgie. Une chanson, il faut trois couplets et deux refrains. Je ne sais même pas si j'ai rencontré Francis. J'ai livré mon texte à Claude, sans doute. Et j'ai ensuite compris qu'il le proposait à Dutronc, que je connaissais un peu. Je n'ai même pas assisté à l'enregistrement ni rien. Mais chaque fois que j'ai revu Jacques, pareil, il se mettait à "La Ballade du bon et des méchants". Je me souviens très bien, aux Vieilles Canailles, j'étais allé voir les copains. Puis j'ai fait trois mètres dans les couloirs, je suis allé dans la loge de Jacques. Et il m'a dit, avec son cigare : "C'était l'avant-guerre/ Parfum de naguère." Ce qui m'intéressait aussi, c'est que, comme c'est un passé assez lointain, il y a des mots comme "naguère" que plus personne n'utilise, et quelques autres expressions désuètes. Je ne suis pas fier, le terme est trop prétentieux. Mais dans les chansons que j'ai écrites, celle-là me tient beaucoup à cœur. »

Labro n'écrira pas d'autre texte pour Dutronc. Pourtant, on aurait facilement pu imaginer un passage de flambeau

Lanzmann-Labro, d'autant que les deux sont amis et ont collaboré à plusieurs reprises, Lanzmann ayant écrit les dialogues de trois longs-métrages réalisés par Labro. Les deux furent d'ailleurs en lice pour le prix Goncourt. Labro confirme les liens puissants qui l'unissaient à Lanzmann : « Oui, je suis au milieu de tout ça, parce que Jacques, c'était un de mes meilleurs amis. On a écrit des films ensemble. Donc, j'ai bien vu, moi, à quel point Jacques écrivait pour Dutronc. Et j'ai souvent trouvé que Jacques Dutronc était un peu injuste à l'égard de Jacques Lanzmann, parce qu'il s'appropriait les chansons. Mais ça, c'est classique. Les gens disent : "'Les Cactus' de Dutronc." Non, c'est de Lanzmann, interprété par Dutronc. Et c'est toujours comme ça avec les chanteurs, ils s'approprient les morceaux qu'ils interprètent, c'est normal. Le parolier sait très bien qu'il est en retrait. Une chanson n'appartient jamais à une seule personne. C'est le fruit d'un frottage de cervelle et d'un mariage de créateurs. Mais pour revenir à Dutronc, je l'ai trouvé, surtout quand Lanzmann est mort, assez sévère. Mais bon, il devait y avoir des petits conflits entre les deux, parce que Lanzmann, de son côté, ça n'était pas n'importe qui. »

En février 2023, aux Folies Bergère, lors de la « Nuit de la déprime » organisée par Raphaël Mezrahi, Thomas Dutronc, parrain de cette neuvième édition, en profite pour livrer sa version du « Bon et les Méchants ». On danse toujours le slow au Balajo, de génération en génération.

« L'HYMNE À L'AMOUR (MOI L'NŒUD) »

L'AMOUR VACHE

« Goudou, homo, tata, tapin »

Ouverture d'un album noir attendu comme le loup blanc, cet hymne de trente-six (gros) mots est du Gainsbourg pur jus, interprété avec la nonchalance idéale par Dutronc et orchestré avec la pompe nécessaire par Jean-Pierre Sabard. Une introduction *ad hoc* à un album à quatre mains aussi éthylique et compliqué à finaliser que le fut *Play blessures* de Bashung, enregistré deux ans plus tard avec Gainsbarre.

En avant-propos, une précision : contrairement à ce que son titre pourrait le laisser supposer à un néophyte ne l'ayant jamais entendu, ce morceau-là n'a rien à voir avec le déchirant chef-d'œuvre signé Piaf-Monnot, dans lequel Édith chante sa passion perdue pour le boxeur Marcel Cerdan. On est loin de tout cela. Très loin.

Tout est dit dans le titre de l'album – *Guerre et Pets* –, dont cet hymne minimaliste est l'ouverture : ici, ce ne sont pas les instruments qui sont à vent. Gainsbarre et le grand Jacques, c'est prout prout comme dans « Fais pas ci, fais pas ça », un sirocco au parfum fessier qui recouvre l'œuvre. Pas une nouveauté pour Dutronc qui, avant ses concours de pets avec Serge le crado, racontait volontiers cette anecdote odorante : « Quand j'étais petit, mon père avait l'habitude de balancer un pet gigantesque et de dire à la dame assise à côté de lui : "Ne vous inquiétez pas, je dirai que c'est moi." C'est un héritage qui se transmet de pet en fils. »

L'obsession anale ne quitte pas le chanteur, qui trouve que « balancer un pet, c'est moins sale que de voir les gens se laver les dents ».

Dans le numéro de *Libération* daté du 13 décembre 1980, Bayon accorde une page au duo de pétomanes mélomanes : « Un événement, a priori. Et, disons-le tout net, un demi-foirage. Le titre du trente est significatif à ce sujet. Pour le reste, le disque est chouette, jubilatoire, et n'a pas de cohérence. » La conclusion ne recule pas devant le calembour : « À deux doigts du bide pour de vrai, ce disque qui contient pas mal de vent aurait dû s'appeler, fatalement, *Les Pets de Damoclès*. » Alain Chamfort, pianiste des débuts, n'est guère plus enthousiaste : « L'album qu'il a fait avec Gainsbourg, c'était n'importe quoi. »

Le rappeur Stomy Bugsy, lui, comprend et apprécie l'alliance de ces deux artistes de l'extrême : « Dutronc, c'est l'artiste qui se rapproche le plus de Gainsbourg en termes de punchlines, de charisme, de verve, de repartie et de plume. Dutronc, il fait partie de mon enfance. Il a vraiment mis une claque quand il est revenu en 1992 au Casino de Paris. Ce genre d'artistes, plus ils mûrissent, plus ils sont classieux. Il y en a qui perdent de leur génie, de leur lumière ; lui, il a pris de la classe. Pareil pour Johnny et Eddy Mitchell, ils vieillissent bien. Comme des bons vins. »

Mais revenons à l'hymne. Si le titre et même les mots orduriers volontairement choisis pour choquer peuvent dérouter, « L'Hymne à l'amour (moi l'nœud) » est avant tout un morceau qui dénonce. Cash. Frontal. Puissant. « Niakoué, négro, blanc blanc, rouquin/ Métèque, mocco, ordure, putain/ Rital, maquereau, macaque, chien/ C'est l'hymne à l'amour (moi l'nœud). » Pas de verbe, juste une longue litanie d'injures ponctuées d'un lapidaire refrain. Du Gainsbourg dans le texte. Direct et profond. Le concept étant d'énumérer, afin de les dénoncer, une série d'insultes allant de l'homophobie à l'antisémitisme, en passant par le sexisme.

Depuis la première rencontre discographique entre les deux lascars pour la chanson « Elle est si… », Serge et Jacques sont devenus des amis, même si leur amitié peut parfois tourner au vinaigre, notamment pendant l'enregistrement de *Guerre et Pets*.

Nous sommes en 1980, Dutronc cartonne au cinéma et n'a pas sorti de disque depuis cinq ans. Pendant ce laps de temps, il y a eu les deux Claude – Lelouch pour *Le Bon et les Méchants* et sa suite *À nous deux* ; Sautet pour *Mado* –, Jacques Rouffio, Francis Girod ou Jean-Luc Godard. Jacques suit Wolfsohn chez Gaumont Musique après quinze ans de bons et loyaux services chez Vogue. Reste à préparer les chansons. Et c'est là que commence l'embrouille qui va provoquer la première rupture avec le troisième Jacques. Interviewé sur TV5 Monde en 2004, Lanzmann donne sa version de son premier divorce avec Dutronc pendant l'enregistrement de *Guerre et Pets* avec Gainsbourg : « J'ai foutu le camp en 1978. On enregistrait avec Gainsbourg, j'avais quatre textes et lui aussi. Arrive le directeur artistique, que j'aime beaucoup par ailleurs, j'ai une tendresse profonde pour lui parce que c'est un provocateur. Et il nous dit à Gainsbourg et à moi : “Mais dites donc, les gars, c'est de la merde, vos textes !” Or, il les avait déjà depuis six mois. Et je lui dis : “Si c'est de la merde, moi, je pars de toute façon au Népal demain matin, salut au revoir." Et là, Gainsbourg me rattrape et me dit : "Mais Jacques, s'il te plaît, ne fais pas le con, ça fait du blé ! On va les retravailler !" Gainsbourg avait ceci d'extraordinaire, il avait justement un recul que je n'avais pas. Il s'est mis par terre, il s'est prosterné et il a embrassé les chaussures de ce fameux directeur artistique, avec l'humour nécessaire. Et moi, je ne peux pas faire ça, je suis parti, et sur cet album, il est resté un texte de moi, "La Vie dans ton rétroviseur". Ma devise, c'est "Si tu veux te trouver, commence par te perdre". Je me suis trouvé, je me suis perdu, et, ce que j'aime, c'est me retrouver, me reperdre et continuer comme ça. »

En réalité, Lanzmann place un second texte, le culinaire et pénible « Manque de tout ». Dutronc abandonne ainsi son premier partenaire au bénéfice de son copain de déconne et de beuverie : « Bouteille de whisky dans une main, corbeille de papier dans l'autre, on vidait la première et on remplissait la seconde. »

« L'Hymne à l'amour (moi l'nœud) » est un des six textes qu'écrira Serge pour l'album. *Guerre et Pets*, unique tome d'un triptyque promis par Dutronc à Gaumont, est certes une allusion à l'œuvre gigantesque de Tolstoï, mais aussi au roman que Serge vient alors de publier chez Gallimard, *Evguénie Sokolov*, qui raconte en quatre-vingt-cinq pages incisives les aventures burlesques d'un peintre pétomane.

Il vient aussi de finir un chef-d'œuvre incompris, *L'Homme à tête de chou*, a signé un gros tube pute – « Sea, Sex and Sun » – et s'apprête à partir en Jamaïque enregistrer *Aux armes et cætera*, qui le fera accéder au statut de superstar. Mais, plus que tout, il est seul et malheureux. Jane Birkin vient de le quitter.

De son côté, Jacques tourne dans le Larzac *Malevil*, de Christian de Chalonge, aux côtés de Michel Serrault, Jean-Louis Trintignant et Jacques Villeret. Entre deux journées de tournage, il file dans le 20ᵉ arrondissement retrouver aux studios Ferber les musiciens dirigés par Jean-Pierre Sabard.

« L'Hymne à l'amour (moi l'nœud) » sera le deuxième single extrait de l'album gentiment foutraque qui, bien que ne partageant pas le fatalisme historique de Tolstoï, n'aura pas le succès escompté. Le score : un disque d'or et cent soixante mille copies écoulées, quand même.

Et en parlant d'amour, c'est un peu plus d'un an plus tard, en mars 1981, que Jacques et Françoise convoleront. Dix jours pile après avoir déclaré au magazine *Paris Match*, dans le cadre d'un dossier intitulé « Les hors-la-loi du mariage », qu'ils ne se marieraient que si Thomas le leur demandait.

Un mariage qui se révélera moins romantique que prévu. Dans le déroulement, d'abord, mais aussi parce qu'il leur aurait été conseillé par un avocat, après que Françoise a eu subi une sérieuse opération chirurgicale, afin de ne pas avoir de problème dans l'éventualité d'une succession.

« LE TEMPS DE L'AMOUR »

LES AMOURS MORTES

« On se dit qu'à vingt ans
On est les rois du monde »

Souvenir inoubliable pour les amoureux transis de Hardy que ce titre de 1962 résumant avec subtilité l'importance des premiers émois amoureux. Le mari de Françoise en livre une version sidvicioussienne, une ritournelle électro-disco façon gros beat qui tache, dominée par les claviers de Jean-Pierre Sabard, l'arrangeur habituel de Serge. Un Gainsbourg dont le bruit et l'odeur planent sur tout l'album *Guerre et Pets*.

« Pialat m'a écrit un jour que j'étais capable du meilleur comme du pire. Le moins que l'on puisse dire, c'est que j'ai toujours pris soin de rester fidèle à son point de vue », déclarait Jacques à Christophe Conte, en 2003, lors de la promo de son album *Madame l'existence*. Avec « Le Temps de l'amour » version Dutronc-Gainsbourg, unique reprise de l'album *Guerre et Pets*, on est au cœur de cette problématique.

La composition originale, chantée en 1962 par Françoise Hardy, est un bijou de nostalgie adolescente délicatement orchestré par Roger Samyn, écrit par Lucien Morisse et André Salvet sur une musique de Jacques Dutronc. « Le succès foudroyant des premières chansons de Françoise Hardy fait de cette artiste un cas sans précédent dans l'histoire du disque. Toute la presse, toutes les stations de radio et de télévision en parlent et vous connaissez sans doute maintenant quelques-uns des petits secrets de la vie privée d'une vedette », disait le verso du 45 tours original de cette *love song* qui précède de quelques années la liaison IRL Dutronc-Hardy. On y parle des copains, de l'aventure, du temps qui va et qui vient, de l'accélération cardiaque qui accompagne les premiers émois amoureux, ceux que l'on n'oublie jamais, qui forgent le caractère et laissent des souvenirs qui nous hanteront jusqu'à la fin de nos jours.

« Au début, c'était un instrumental qui s'appelait "Fort Chabrol", que jouaient les Fantômes. Françoise a entendu ça et elle a dit : "Ah la la, je veux chanter ça, je ne sais pas, il faut faire mettre des paroles, et voilà. » Ainsi Dutronc racontait-il à Thierry Ardisson la genèse de cette chanson inoubliable… dans sa version Françoise Hardy.

Vingt ans plus tard, la reprise entreprend une curieuse entreprise de déconstruction. Les claviers de Jean-Pierre Sabard, également responsable de la réalisation, partent en électro-disco, accélérant le BPM de la chanson originale, ce qui oblige Dutronc à lui aussi accélérer le tempo, jusqu'à l'extrême limite de la parodie. Quand le morceau démarre, on se croirait dans un single de Space produit par un Giorgio Moroder jambon-beurre. Il ne reste rien de l'ambiance de la version originale, même les chœurs hystériques sous-mixés de Jacques lui-même ajoutent une touche d'étrangeté à ce massacre organisé.

Gilles Riberolles écrivait ceci dans *Best* lors de la sortie de l'album : « Quand on en arrive au chapitre des arrangements et de la production, on bascule complètement dans la sous-variété ; le nouveau Sheila, à côté, c'est de l'avant-garde : on a droit à un boogie synthétique, un ska, un rock, le tout avec d'insupportables arrangements de cordes et de cuivres ; enfin voilà, c'est tellement bâtard que ce n'est même pas un produit ménager, c'est tellement sec d'idées que cette chronique aurait dû être une colonne vide. » Pas complètement faux, mais à côté de la plaque si on prend ce titre emblématique méthodiquement détruit. Car, finalement, Dutronc ne fait-il pas subir au « Temps de l'amour » ce que Sid Vicious fit à « My Way », à savoir proposer une approche *destroy* d'un monument de la chanson, dynamité par son nouvel interprète ? Avec cette différence de poids : Dutronc a pleine légitimité sur le morceau puisqu'il en est le compositeur original.

« Cette version du "Temps de l'amour", c'est quelque chose ! » se contente de remarquer Thomas Dutronc vingt-deux ans après. C'est en tout cas autre chose que le ska faussement enjoué de « L'avant-guerre, c'est maintenant » ou le paresseux boogie de « Manque de tout », qui – justement – manque sévèrement de travail sur le texte, dans lequel Jacques répète quatre-vingt-quatorze fois le mot « manque » pour l'associer trente et une fois au mot « pot ». Ça n'est plus de l'anaphore, c'est un mantra tibétain pour arriver à l'état de transe, et c'est de fait le titre le plus faible de ce disque bancal, résultat pourtant fascinant d'une folie à deux.

Quelques décennies plus tard, quand est passé le temps de l'amour entre Jacques et Françoise et que *Guerre et Pets* a trouvé sa place – étroite – dans la discographie dutronienne, cette reprise concassée, version Mr Hyde de l'originale, a son charme. Elle a le mérite de susciter des réactions bien tranchées, les fans de Françoise criant au sacrilège et ceux de Jacques y trouvant le parfum de cynisme et de mauvais esprit qui imbibe son œuvre. Un parfum qui n'a guère changé depuis ce jour qui le vit chanter en accéléré son répertoire devant un parterre haut de gamme réunissant notamment le Premier ministre Georges Pompidou, Françoise Hardy et Brigitte Bardot. Punk à chat plutôt que punk à chien, Jacques Dutronc pète à la gueule des bonnes manières, et ça se sent sur son « Temps de l'amour ».

« LA VIE DANS TON RÉTROVISEUR »

DEMI-TOUR EN MARCHE ARRIÈRE

« Mets ta ceinture et boucle-la »

Un des deux textes signés Lanzmann inclus sur l'album pétomane dont Gainsbourg se réserve la substantifique moelle, cette vie en *rewind* est le morceau qu'il fallait pour redorer le blason textuel d'un disque qui ne casse pas trois pattes à un canard laqué mais n'en reste pas moins un jalon important sur la route mouvementée du crooner désinvolte.

Titre (presque) sérieux au milieu d'une suite de prouts rimés, « La Vie dans ton rétroviseur » rappelle un peu le virage dutronnesque du mitan des *seventies*, quand Jacques abandonne le rock vénère à la Kinks pour devenir le Dean Martin de la petite ceinture. Son style de chant sur cette chanson à slow tempo rappelle Boris Vian, et l'ironie mordante fait place à un constat désabusé sur les fantômes du passé.

Dutronc a expliqué à Philippe Manœuvre dans *Rock&Folk* la différence entre travailler avec Gainsbourg et avec Jacques Lanzmann : « Avec Lanzmann, on ne se voyait pas, jamais.

Il me filait des textes et des idées. Enfin, on en échangeait un peu et, finalement, j'aménageais tout ça. En répétant, les musiciens disaient : "Il y a des trucs bizarres" et je leur disais de ne pas s'inquiéter. Il y avait des phrases de quarante pieds et d'autres de deux pieds. C'était très décalé, très bizarre. Serge était un musicien et il avait le sens des mots. On se voyait beaucoup. Par contre, on ne travaillait pas. On s'appelait pour un mot ou on laissait une enveloppe avec un texte ou, par moments, le texte n'était pas fait quand on arrivait en studio. Ça se faisait sur le tas. [...] C'était bien, avec Serge ».

Ce texte signé Lanzmann file la métaphore automobile avec finesse, et on est loin du sympathique je-m'en-foutisme gainsbourien de « Ballade comestible », qui a le parfum pourri des légumes périmés. Ici, ce sont les souvenirs qui font le trottoir, tandis que le véhicule Dutronc ne se gare plus « sur les bateaux/ De ta mémoire qui fait de l'eau ». Phrase clé, comme un message de l'auteur à l'interprète : « Tu viens de rouler sur la bande jaune/ Et d'écraser tes vieux fantômes. » Vingt-trois ans s'écouleront entre cette phrase et l'enregistrement de *Madame l'existence*, baroud d'honneur du duo Dutronc-Lanzmann. Lettre de rupture ? Ça y ressemble. On pense à cette phrase de Boris Bergman sur « Alcaline », morceau de l'album *Novice* qui fut son dernier en commun avec Alain Bashung : « En vertu des rasoirs/ Tu viens couper court à notre histoire [...] T'aimes plus les mots roses que je t'écris ? »

Dutronc, cité dans le *Schnock* n° 14, en couverture duquel il trône, n'est pas dupe des facilités de son compère éthylique qui émaillent l'album : « Il faut se méfier des peintres, comme Serge, qui brûlaient leurs toiles. Pour les chansons, il gardait toutes ses merdes parce qu'il avait pris une certaine assurance... Donc, il essayait de me les refourguer, mais ça ne marchait pas. Une fois, il y a eu un drame. Wolfsohn a filé ma musique à Lanzmann et la même à Serge. Que le meilleur gagne. Moi, j'étais en plein tournage avec Serrault [pour *Malevil* de Christian de Chalonge]. J'arrive en studio, et il y avait un combat terrible entre les deux paroliers. Jacques faisait des exercices de respiration genre yoga, appuyé contre le mur du studio, et Serge le fixait. Ça a fini en bagarre, style "Je connais mieux les camps de concentration que toi". L'alcool a dû aider. »

Si la fréquentation de Gainsbourg a donné lieu à force délires et autres excentricités pipi-caca, Jacques n'avait alors guère besoin de son partenaire Serge pour partir en vrille, comme il le raconte à Thomas VDB dans la longue interview du mook *Schnock*, évoquant le tournage mouvementé de *L'Entourloupe* de Gérard Pirès, dont il était la vedette avec Jean-Pierre Marielle et Gérard Lanvin, tourné à la même époque où fut conçu l'album : « On nous avait mis dans un hôtel vers Poitevin, à Niort. On a détruit une chambre, jeté la télé par la fenêtre, enfoncé des portes. Le patron a gueulé. Pirès lui a dit : "Si ça vous plaît pas, on s'en va tous." T'imagines pas comment j'ai fait chier les maîtres d'hôtel. "Je ne mange pas sur une table, monsieur, vous me dressez la table par terre." Et on mangeait par terre. Tout était permis. Tout… Ça suffit les conventions et les bourgeoisies ! Et tout le monde disait : "Mais on est vachement bien là !" Ce que je regrette, c'est de ne jamais avoir dialogué avec Marielle, pas une seule fois. J'étais au whisky avec Lanvin, on rigolait… Vraiment, je regrette. Marielle, c'était quand même un mec qui avait des choses à me dire. Et moi, tous les jours, je lui givrais sa voiture avec un extincteur – il va savoir que c'est moi maintenant – et il sortait en disant : "Mais il y a beaucoup de givre par ici, surtout sur la mienne !" C'était peut-être un moyen de communiquer avec lui, je sais pas. Je savais qu'il aimait le jazz, j'aurais aimé en parler avec lui. »

Très noir sous un couvert de comédie franchouillarde, ce film sur les carambouilles pathétiques de deux vendeurs d'encyclopédies à la ramasse propose une bande-son signée Django Reinhardt. Il a été considéré comme ayant « quelque chose de célinien » par le critique de *La Revue du cinéma*, qui minore cette assertion en ajoutant qu'il lui manque « l'art cinématographique qui correspondrait au souffle littéraire de l'écrivain ».

On réentendra parler de Céline en 2009, lorsque Dutronc l'évoque dans une interview au *Figaro* : « Le cinéma français manque un peu de locomotives. Le seul projet intéressant qu'on m'a proposé, c'est un film mis en scène par Christophe Malavoy qui évoquerait la fuite de Céline en Allemagne, mais ils ont du mal à trouver un financement. » Un mois plus tard, Jacques confirme au *Monde* que Céline est son écrivain préféré, ajoutant : « Sa veuve m'a toujours expliqué que je lui ressemblais, d'ailleurs j'ai le même doigt tordu que lui. » Le tournage était prévu après la tournée de 2010 mais n'aura jamais lieu, Malavoy se contentant d'en faire un roman graphique illustré par José Correa : *L.-F. Céline, Les Années noires* [1].

1. Les Éditions de l'Observatoire, 2021.

« J'AI DÉJÀ DONNÉ »

À VOT' BON CŒUR...

« La dame pipi et ses voltigeurs
Le vestiaire de ma p'tite sœur
J'ai déjà donné »

« J'ai déjà donné » figure sur *Guerre et Pets*, l'album scato de Jacques Dutronc. Un disque cosigné avec Gainsbourg. Un disque au stade préanal qui sent le gaz, le résultat d'une flatulente alchimie entre deux grands gamins de la chanson.

En 1980, Dutronc sort d'une séquence cinéma intense, avec cinq films parus l'année précédente : *Le Mouton noir*, *L'Entourloupe*, *Le Mors aux dents*, *Retour à la bien-aimée* et *À nous deux*, son deuxième passage devant la caméra de Claude Lelouch, qui ne tarit pas d'éloges sur son copain Jacques : « Je pense que dans tous les films où je l'ai vu, j'ai retrouvé le Jacques que je connaissais. Je pense que tous ceux qui l'ont engagé, l'ont fait tourner avaient envie d'utiliser Jacques Dutronc, sa personnalité, ce côté "ça m'intéresse, mais en même temps, je m'en fous". On avait tous envie d'avoir un personnage qui casse les clichés. C'est la force de

Jacques, il est hors norme, pas dans le moule. Il est en dehors de cette foule. Je pense qu'il a été fidèle à lui-même et que les gens qui l'ont fait tourner ont respecté cette fidélité, cette nonchalance, ce recul sur les choses. Je pense que c'est plus un homme de la cour de récréation que de la salle de classe. Le Dutronc dont je me souviens et que j'aime, c'est la cour de récréation à lui tout seul. Et moi, à l'école, ce que j'ai toujours aimé, c'est la cour de récré. Il n'y a pas un enfant qui allait à l'école s'il n'y avait pas la cour de récré. »

Et c'est la meilleure définition qu'on puisse donner à l'album *Guerre et Pets* cosigné par Gainsbourg : une cour de récréation ponctuée par les blagues et les bêtises qui vont avec.

Durant la période de création du disque, une occasion cinématographique majeure passe sous le nez de Dutronc : Steven Spielberg songe à lui pour son prochain projet, *Les Aventuriers de l'arche perdue*. Le réalisateur déclarera, en 1981, que Dutronc était son premier choix pour incarner le héros au célèbre fouet, mais son incapacité notoire à aligner ne serait-ce que quelques bases rudimentaires d'anglais lui a été fatale. « S'il avait su ne serait-ce que se débrouiller en anglais, il aurait eu le rôle », a confirmé Spielberg.

Grand écart : c'est en vedette du nouveau Godard que Dutronc termine l'année 1980 avec la sortie, le 15 octobre, de *Sauve qui peut (la vie)*, dans lequel il donne la réplique à Isabelle Huppert et Nathalie Baye.

Niveau musique, « J'ai déjà donné » est l'un des six textes que Gainsbourg a écrits pour Dutronc, et, comme dans plusieurs autres morceaux de l'album, il se complaît dans une répétition ponctuée de subtiles variations. Après avoir énuméré les bonnes œuvres diverses auxquelles il a financièrement contribué – parmi lesquelles « La Roue tourne », destinée aux vieux acteurs oubliés et miséreux, mais aussi « la secte des adorateurs de Satan », « la traite des blanches » et « les inspecteurs des impôts, les racketteurs » –, Jacques conclut avec un final sibyllin : « Quoi, toi aussi tu m'aimes, mon p'tit cœur ?/ Mais rappelle-toi qu'il y a près d'une heure, j't'ai déjà donné. »

Gainsbourg poucave ? Ou est-ce juste un pied de nez pour finir la chanson en beauté ? Toujours est-il qu'on mesure le taux d'alcoolémie de l'album avec la chanson qui précède « J'ai déjà donné » au tracklisting de ce disque flatulent : « L'Éthylique » voit Dutronc chanter la disparition artistique de Gainsbourg, trop bourré pour assurer des textes de chanson, qui fait un aveu d'impuissance créatrice dans ce texte miroir : « J'ai pas de paroles/ Gainsbourg s'est fait la paire/ Faut s'le faire/ Quand il boit/ Mais ma parole/ Ça commence à bien faire/ Dans un verre/ Il se noie. »

Pour Dutronc, ce disque est finalement son premier album-concept. Si le terme est quelque peu exagéré, il faut quand même noter que ce projet est le premier à ne pas être une compilation de singles, comme l'étaient les premiers albums – tous intitulés *Jacques Dutronc*, une vraie galère pour les collectionneurs qui les recherchent sur Discogs. La qualité inégale des morceaux confirme pourtant une théorie défendue par nombre de ses collaborateurs : Dutronc n'est jamais aussi bon que quand il est en mode single, et bien moins à l'aise sur le format album. Pourtant, à réécouter ces neuf chansons plus de quarante ans après leur conception, c'est replonger avec une certaine émotion dans une autre époque. La nostalgie, camarade. Bordélique, fumiste, désinvolte, émaillé de brefs éclairs de génie noyés dans un magma pétomane, ce disque sphincter à terre mérite le res-pet.

Jean-Pierre Sabard, arrangeur habituel de Gainsbourg, s'occupe des orchestrations et des claviers de l'ensemble des titres de cet album sorti un an après le triomphe d'*Aux armes et cætera*, premier album reggae de Gainsbourg enregistré au studio Dynamic Sounds de Kingston avec Sly & Robbie et les choristes de Bob Marley (*Mauvaises Nouvelles des étoiles*, le second, sortira en 1981).

Les influences musicales de *Guerre et Pets* sont diverses. On navigue sans transition du rock au ska, en passant par l'électronique cuivrée et le boogie enluminé de cordes. Avec ses textes minimalistes et sa contemplation du gouffre, *Guerre et Pets* est le premier témoignage de l'ultime décennie artistique de Serge, devenu le Mr Hyde de la chanson éthylique sous pseudo Gainsbarre : « Quand Gainsbarre se bourre, Gainsbourg se barre. » Même s'il se cache derrière les interprétations élégantes de Jacques – pas de duo, pas même une apparition de Serge dans les chœurs –, l'auteur du « Poinçonneur des Lilas » a entamé sa mue et file à toute vitesse sur l'autoroute de la décadence. Une virée qui se conclura le 2 mars 1991, à Paris, un mois pile avant son soixante-troisième anniversaire.

Peu après la mort de Gainsbourg, Dutronc cachera sa tristesse sous son habituelle façade de cynisme : « Gainsbourg s'est fait la malle. Son amitié, son odeur, ses pets, ses rots, son haleine quand il bâillait, tout me manque. »

« LE CŒUR LOURD DANS MON POIDS LOURD »

BELLE COMME UN CAMION

« Je ne connais rien au code de l'amour
Faudrait pouvoir mettre plein phare »

« Qu'importe le camion, pourvu qu'on ait la tendresse » : une rime tirée de cette chanson oubliée, en mode country music, avec Jacques en camionneur seul dans sa cabine qui arpente les routes et philosophe sur l'amour poids lourd. Un nouveau rôle pour le chanteur-acteur qui a passé tant d'années à jouer les play-boys et redevient prétendant lover en roue libre pendant trois minutes vingt-neuf sur la Highway 61, ou plutôt 82.

Ambiance country et americana, on pourrait facilement imaginer Eddy « Schmoll » Mitchell en chanteur de ce morceau qui pousse l'analogie entre la femme et le camion jusqu'à l'extrême : « Faut qu'j'lui dise qu'entre elle et mon camion/ J'f'rai jamais de différence. » Dutronc joue à domicile et enregistre l'intégralité de l'album *C'est pas du bronze* au studio parisien Ferber, sous la direction de Robbi Finkel. On y retrouve Alain Pewzner – membre de Martin Circus –

à la guitare, mais aussi les frères John et Arthur Simms, respectivement guitariste et choriste, souvent confondus avec deux autres frères homonymes, George et Frank Simms, qui travaillèrent avec David Bowie… et Serge Gainsbourg (d'où la confusion). Autre redoutable requin de studio présent durant les sessions, le bassiste Guy Delacroix, entendu chez Murat, Sheila, Goldman, Julien Clerc ou Les Enfoirés. C'est avec ce gang que Dutronc pose les mots écrits pour lui par Anne Segalen, l'ex-femme de Lanzmann.

Son fils, Thomas, qui n'avait pas encore 10 ans, se souvient d'une séance de studio avec le dad : « Il avait dû m'emmener une fois sur *C'est pas du bronze*. C'est vraiment vieux, je suis né en 1973… Je me rappelle qu'il y avait pas mal d'alcool et de cigarettes, j'ai un vague souvenir comme ça. Mais, très souvent, quand mon père ou ma mère faisaient un album, on passait beaucoup de temps pendant les dîners avec les copains à les écouter très fort tous ensemble, c'était sympa. Ils écoutaient beaucoup de musique avec les amis. »

Au moment de la sortie de *C'est pas du bronze*, l'album dont « Le Cœur lourd » est extrait, Jacques est à l'écran dans deux films, *Paradis pour tous* d'Alain Jessua et *Y a-t-il un Français dans la salle ?* de Jean-Pierre Mocky.

Dans le premier, il partage la vedette avec Patrick Dewaere, dont ce sera le dernier film, l'acteur se suicidant d'une balle dans la bouche peu avant la sortie en salles, ce qui rendra macabre la promo de ce long-métrage anéanti par la critique. La plus dure parut dans *Première* sous la plume sanguine de Marc Esposito : « C'est bien triste. De voir pour la dernière fois Dewaere dans un nouveau film et que ce soit celui-là. Un mauvais film. Avec un bon sujet et un grand acteur. Un film déplaisant, tout de même. Parce que les acteurs y sont maltraités, parce que la nudité des comédiennes y est filmée avec un voyeurisme de jardin public, parce que le scénario, sous prétexte d'« anticipation », n'a que faire de la plus élémentaire vraisemblance. En plus, il n'y a pas le moindre plan visuellement intéressant et ça fourmille de nécessités publicitaires vraiment trop voyantes. » On notera que les critiques de l'époque ont plutôt épargné Jacques, qui n'a pas eu à souffrir de l'échec de ce film malade.

Dix films en dix ans pour Dutronc : la décennie quatre-vingt est la plus prolifique de sa filmographie, ouverte avec *Sauve qui peut (la vie)* de Jean-Luc Godard. Les chanteurs qui veulent être acteurs, c'est presque devenu un cliché, et rares sont ceux qui parviennent à concilier les deux avec sérieux. Dutronc l'a fait comme personne. Daniel Auteuil, qui a tourné avec lui en 2007 et mène depuis 2021 une carrière parallèle de chanteur – avec Gaëtan Roussel de Louise Attaque en producteur-musicien –, fait partie de ceux qui voient des ponts entre les deux activités : « Parce que c'est le même métier, la même chose. Sauf que ce ne sont pas les mêmes codes, mais sur scène, c'est pareil. Hallyday rêvait d'être acteur, le jeune Sardou aussi. Regardez Benjamin Biolay aujourd'hui ! Je pense que c'est plus dur de passer à la chanson. Acteur, c'est plus facile. Dutronc, c'est un super acteur, j'ai tourné avec lui *Le Deuxième Souffle* d'Alain Corneau, c'est du lourd. Exceptionnel. La différence avec l'époque de Dutronc, et ça va faire vieux con mais c'est comme ça, c'est qu'il y avait encore des grands metteurs en scène. Et c'est ça qui fait la carrière d'un acteur. Si je suis encore là à 73 ans, c'est que j'ai tourné avec les plus grands. Lui, pareil. Et aujourd'hui, il n'y en a pas beaucoup. La carrière d'un acteur au top, à l'heure actuelle, c'est sept, huit ans. L'autre problème, c'est qu'il n'y a plus de vieux comme Jean Gabin. Les gens de ma génération ne veulent pas me voir vieux, donc, si je joue un vieux, ils ne viennent pas. C'est là où je suis une danseuse sur un fil : comment monter sur scène à mon âge, faire du rock et être crédible ? Raconter mes histoires sincèrement, sans jouer un rôle. Et Dutronc, c'est le même en chanteur et à l'écran, il va avoir cette même coolitude. Et puis ce regard, ce charme, cette beauté, cette distance un peu froide… J'ai toujours considéré que la beauté était une forme de génie. Dutronc est très, très beau, et ça confère à son génie. Après, il a joué sur une corde toute sa vie, et elle sonnait juste, la corde. Quand je l'ai eu en face de moi comme gangster – on était gangsters tous les deux dans le film –, j'y croyais. Et c'est ce que j'ai à faire, moi, en tant que chanteur : être crédible. Sur scène, Jacques, je l'ai vu avec Johnny et Eddy dans les Vieilles Canailles, et il avait la voix, hein ! »

« VIDÉO GRATIAS »

JACQUES ZAPPE ?
JACQUES MATE !

« Je suis présent
Quand j'suis absent »

Des chœurs façon chant grégorien sur un beat à la « Somethin' Else » d'Eddie Cochran : curieux cocktail pour ce titre oublié d'un album mal aimé, une chanson malade où l'on évoque des speakerines qui se font câlines et des philosophes qui s'apostrophent (Hello, Bernard Pivot). Une curiosité textuelle signée, comme la quasi-totalité du LP, par l'ex de Lanzmann, Anne Segalen.

« J'aimais bien *C'est pas du bronze*. Le son était bien. Le mec qui a fait les arrangements [Robbi Finkel] était épileptique ; d'un coup, il se roulait par terre en bavant dans le studio. Il y avait de beaux cuivres. » Souvenirs désinvoltes de Jacques pour un album à part dans sa discographie, dont il n'a quasiment jamais joué un titre sur scène, à la notable exception de « Berceuse » durant la tournée 1992 et, plus tard, « Tous les goûts sont dans ma nature » – et encore, dans sa version actualisée de 1995. L'un des trois morceaux de l'album – avec « Savez-vous planquer vos sous » et « L'Autruche » – signés Dutronc, paroles et musique.

Il est vrai que ce LP, malgré quelques fulgurances, sent la fin de contrat. Interrogée sur le contenu textuel de ce disque au visuel « concours de tee-shirt mouillé » signé du photographe Richard Schroeder, sa principale auteure Anne Segalen lance une phrase sibylline : « Je ne sais pas quoi vous dire car si je vous disais les choses vraies, ça détruirait un peu la légende. » En effet, si les choses se sont bien passées avec Dutronc, comme elle le confirme peu après, c'est avec Wolfsohn que le torchon brûlait. « J'avais dit à Wolfsohn que je faisais des bons textes si on me flattait, ce que Wolfsohn refusait. Il était très indélicat… C'est affreux ce que je dis là. Mais j'ai beaucoup d'admiration pour Dutronc. C'est un génie. Il invente une chose toutes les minutes. Un jeu de mots, un geste. C'est un créateur. Il est malheureusement tombé sur Wolfsohn qui lui a fait croire que, tout seul, il ne serait pas bon, et que c'était grâce à Wolfsohn et Lanzmann qu'il était bien. Cet album, j'aurais dû l'écrire avec Jacques, mais Wolfsohn n'a pas voulu. Enfin, ça n'est pas qu'il n'a pas voulu, il s'est arrangé pour ne jamais nous laisser seuls. »

Ah, Jacques Wolfsohn. Un homme de l'ombre génial, un peu escroc sûrement, truculent et grande gueule. Sa mort en 2014 priva le *music business* d'un personnage unique, un flibustier de l'édition discographique qui refusait la distinction entre variété et rock. « En France, tout est classé. Tu as la maison de l'Auvergne et la maison du Danemark, la maison du truc et du machin. Pareil pour la musique. En France, untel fait du reggae pop, machin fait du métal bop ou je ne sais quoi. Dans les autres pays, on se fout complètement des étiquettes. On aime ou pas. En France, on classe… et on casse. C'est une maladie française, ça », déclarait-il en 2000 à Philippe Manœuvre et Bertrand Burgalat lors d'une de ses rarissimes interviews, ajoutant pour appuyer son propos : « Vous, *Rock&Folk*, ce que vous ne comprenez pas, c'est que même les Spice Girls, ça a été fait avec amour par quelqu'un. Derrière les Spice Girls, il y a un mec qui voulait *vraiment* faire ça, qui l'a pensé, construit. C'était son truc. Ce mec a fait des castings, trouvé exactement les filles qu'il *fallait*. Essayez de comprendre ça, vous comprendrez tout. »

L'histoire de *C'est pas du bronze* est celle d'une incompréhension au sein d'un trio avec une nouvelle composante : après les trois Jacques – Dutronc, Lanzmann, Wolfsohn –, c'est Anne qui vient prendre la place de son ex-mari, Jacques Lanzmann. Une montée en grade qui n'a pas été sans grincements de dents huit ans après la rupture Dutronc-Lanzmann, la condition de la femme auteure en ce début des années quatre-vingt étant d'une rare précarité. Ceux qui lisent les crédits sur les pochettes savent que le nom d'Anne Segalen apparaît dès les débuts de Dutronc, accolé à celui de Lanzmann : elle est créditée comme coauteure de « Fais pas ci, fais pas ça », « Il est cinq heures », « L'Opportuniste », « Les Rois de la réforme », « La Solitude », « La Publicité », « On nous cache tout, on nous dit rien », « Hippie hippie hourrah », « Le Mythofemme » et une douzaine d'autres.

Anne se souvient de cette époque, et des réflexes macho qui avaient alors pignon sur rue : « Mon nom est apparu sur les crédits des chansons au bout d'un temps. Au début, je n'étais pas créditée parce qu'on m'avait dit : "On ne peut pas te faire signer, tu n'es pas à la Sacem et tu n'as pas passé l'examen." Et on rajoutait : "Pour passer l'examen, il faut avoir écrit trois chansons publiées." Je participais à l'écriture des textes parce que ça m'amusait. Un jour, la femme du producteur de télévision Jean-Christophe Averty nous a demandé des textes. J'en ai noté quatre. Celui que j'avais écrit toute seule a été choisi. J'ai dit à la femme de Jean-Christophe Averty que c'est moi qui l'avais écrit. Elle m'a dit : "Il faut la publier", et elle a fait le nécessaire. C'est grâce à elle que j'ai été inscrite à la Sacem et que j'ai pu être légalement déclarée sur les morceaux suivants. J'ai fait un bras de fer avec Jacques. J'ai dit : "Ou bien on les écrit ensemble et je cosigne, ou bien je les écris toute seule." Mais il faisait tout le travail de la vente parce que, moi, j'étais dans mon salon en train de fumer des cigarettes, d'inventer des choses, et lui il écrivait. Il faisait taper ses textes par sa secrétaire et il les vendait à Wolfsohn. Mais il n'était pas très fiable. Il demandait à Wolfsohn quelle serait la chanson qui marcherait, Wolfsohn disait, par exemple, "J'aime les filles", et il la signait. C'est amusant de demander aux femmes de mon époque ce qu'elles faisaient. »

Anne Segalen a pourtant ressenti l'absence de son ex lors de l'écriture des sept chansons qu'elle a signées sur cet album, dont « Vidéo Gratias ». « Moi, je ne suis pas une styliste, une polisseuse. Pour "Il est cinq heures", j'avais écrit "Et j'ai sommeil", et c'est lui qui a choisi "Je n'ai *pas* sommeil". Lanzmann, il savait donner de la rondeur aux textes. » On retrouve tout de même dans l'album ce goût du jeu avec les mots qu'affectionnait Lanzmann, avec parfois le sérieux qui pointe le bout de son nez derrière le masque. Ainsi « Remue-ménages » célèbre-t-elle, quarante ans avant « Santé » de Stromae, le quotidien des femmes de chambre, ce « métier essentiel », selon la récente terminologie désignant celles et ceux qui, de tout temps, ont été méprisés par les puissants.

Le sujet de « Vidéo Gratias », lui, reste plus obscur. On a parfois l'impression que le locuteur est Dieu – « Je suis le dieu, odieux voyeur [...] Je suis présent, quand je suis absent/ J'arrête le temps, de temps en temps/ Je l'accélère quand je m'ennuie/ Je recommence quand j'ai fini » –, une hypothèse validée par les chœurs grégoriens qui ponctuent le refrain de ce drôle de drame cathodique somme toute pas très catholique.

Anne Segalen garde une admiration sans bornes pour Jacques Dutronc, qu'elle estime avoir été floué par son éditeur et complice Jacques Wolfsohn : « Dutronc aurait pu faire n'importe quoi. Vous vous rendez compte, après les succès qu'il a eus… Il aurait pu écrire ses chansons tout seul, mais Wolfsohn lui a dit non. Enfin, il lui a fait croire qu'il était incapable d'écrire une chanson. Alors qu'en fait il en était tout à fait capable. De toute façon, j'ai toujours un petit regret avec Jacques Dutronc. »

Amen, et (Vi)*Deo Gratias*.

« MERDE IN FRANCE (CACAPOUM) »

ÉTRON DUTRONC

« Lavabo trottoir Mouloudji »

Que faire quand on a un titre de chanson génial mais pas de paroles ? Dutronc a la solution : se saouler un an avec son pote Gainsbarre pour finir par écrire solo en lavabo. « Merde in France » ? Récit d'un morceau one chiotte, good shot.

« Scato ?

– Logique.

– Provo ?

– Cacateur. »

Une interview avec Dutronc, attention, ça glisse. « Pas de problème pour les questions ; pour les réponses, c'est autre chose… »

Y a-t-il un sens au yaourt pas bulgare de cette chanson hors norme ? Faut-il en chercher un ? Et si oui, arrivera-t-on à le trouver ? Parmi les rares mots qu'on croit comprendre, « Mouloudji ». Jacques a-t-il name droppé Marcel Mouloudji ? Il en a en tout cas dit le plus grand bien en interview : « Mouloudji, c'est un grand monsieur. Un rendez-vous obligatoire. C'est la TSF, *Nous sommes tous des assassins* d'André Cayatte. Sa voix avait quelque chose de perdu et de triste. » Près de vingt ans plus tard, Jacques reprendra d'ailleurs, sur l'album *Madame l'existence*, son morceau « Un jour tu verras », et il en profitera pour affirmer durant la promo : « Ça m'a fait drôle après, rapport aux non-voyants. »

Quarante ans après la création de ce hit en forme de sphincter, sa mise en scène est devenue légendaire : la garde rapprochée de Dutronc munie de balais – dont Jean Luisi avec sa petite balayette – en choré synchronisée. Bien sûr, les choristes de ce monument français sont tous corses : « C'était mes Corsistes », a confirmé le chanteur, trop content de se vautrer dans la fange.

Mais chacun sa merde (in France), et ce single scato-rigolo a été supervisé par Maxime Schmitt, qui, après ses années Capitol, est alors DA chez Gaumont.

« Quand je suis rentré chez Gaumont, Dutronc était déjà artiste maison. Gaumont Musique devait représenter les musiques de film, mais le patron était Jacques Wolfsohn, grand producteur des années soixante avec Dutronc, Hardy, etc. Il a donc amené Dutronc. Gaumont était très content, c'était chaque fois cent mille ventes. C'était déjà cassé avec Lanzmann, il avait fait l'album avec Gainsbourg [*Guerre et Pets*]. Je traînais dans l'ombre pendant les séances. Pour l'album qui a suivi, il m'a proposé de faire des textes. "Tu écris pour tes copains allemands [Kraftwerk], pourquoi pas pour moi ?" J'en étais un peu incapable, et surtout, j'avais eu ça avant avec Eddy Mitchell qui voulait qu'on travaille ensemble, mais je ne me trouvais pas du tout à la hauteur de ces mecs-là. Qu'est-ce que j'aurais pu apporter à Mitchell et Dutronc ? La rencontre s'est faite deux ans après que nous nous sommes côtoyés dans les bureaux, en studio ou sur les tournages de films où j'étais invité. Dutronc a eu un jeu pendant plus d'un an : il me cassait Wim Wenders, une longue histoire qui vaudrait le coup d'être racontée ailleurs. On s'est vus tous les deux, sans les quinze Corses derrière. Il m'a dit : "Il faut que tu me sauves, je veux casser le contrat avec Gaumont, je ne veux plus faire de disques, ça ne m'intéresse plus. Trouve un système pour que je ne leur doive rien." Il avait fait deux albums avec eux, *Guerre et Pets* et *C'est pas du bronze*, qui avaient marché mais pas explosé. C'était ce que Jacques appelait "le minimum syndical". La force de Dutronc, que j'ai décelée par la suite en faisant un tube avec "Merde in France", c'est qu'il était très fort pour les singles. L'erreur avec Jacques, c'est de faire des albums. Je ne vais pas dire qu'il se noie, ou alors dans son whisky, mais il a des idées fantastiques, originales, il est très ouvert dès qu'on travaille sur un truc court, et il disparaît quand on fait un truc long. »

La conception de « Merde in France » va durer plus d'un an. La faute non pas à Voltaire, mais à Gainsbarre. Maxime Schmitt : « Quand il comptait sur moi pour sortir de chez Gaumont, je lui ai dit : "J'ai une seule idée à leur proposer, c'est que tu fasses un single et que tu t'en ailles ; tu ne fais pas l'album." Il m'a dit OK, on s'est tapé dans la main, j'ai vendu le truc à Gaumont, qui a été d'accord et s'en fichait royalement, les mecs étaient dans les films. La grande histoire que j'ai eue avec Daniel Toscan du Plantier que j'adorais, c'est que j'avais emmené le disque d'or de Dutronc – pour *Guerre et Pets*, je crois. Je lui dis que je veux lui remettre, on discute, et au moment de partir, il me dit : "Hep, vous oubliez votre disque !" Ça, c'est merveilleux. J'espère que les lecteurs comprendront.

Jacques m'a dit qu'il avait l'idée d'une chanson qui s'appellerait "Merde in France", mais il ne savait pas comment faire. Il avait juste le titre. Il me dit qu'il n'y avait que Gainsbourg pour faire ça, je lui dis que Gainsbourg, c'est en or. On a vu Serge : “Oh, les gamins, c’est formidable. C’est génial, mon petit Jacques.” Évidemment, en un an, il n’a pas écrit une seule ligne. On se voyait une fois par semaine, chaque fois il disait que c’était formidable… Mais pas une ligne. Dutronc me dit : “J’ai une idée qui va te plaire, on va faire un vieux rock en yaourt.” Il savait que j’avais été dans un groupe de rock [Le Poing] durant les *seventies* avec un chanteur qui chantait tout en yaourt. Mais c’était extraordinaire, une création. Il ne parlait pas anglais, il venait vers nous et il faisait toujours “Watchou need again, watcha need again”, on se regardait effarés. Ça amusait beaucoup Dutronc, qui m’a dit : “Dans les années soixante, quand on jouait au Golf-Drouot, il y avait un hymne qui s’appelait *La Fashion Connodiou*, et j’ai envie de le reprendre.”

On va au studio Ferber pour enregistrer. J’ai pris toute la clique de mes copains rockabilly des années soixante-dix : Vincent Palmer – qui venait de Bijou – à la guitare, mes choristes, mon pianiste, et surtout le truc que j’amenais à l’époque et qui venait de Kraftwerk, l’enregistrement électronique. Batterie électronique, choristes en séquence. On commence l’enregistrement, et ce qui est drôle, c’est que dans toutes les paroles qui sont sur le Net, aucune ne correspond à celles de Dutronc. Il n’y a que lui et moi qui connaissons le vrai texte. Je lui disais : “Mon chanteur dit toujours ‘Watchou need again’.” Il rajoutait : “Et même triple gaine.” Chaque fois, il faisait la bascule sur un truc, on était comme deux larrons en foire. Jacques était sidéré par la batterie électronique, il adorait ça parce que ça donne une pêche incroyable selon les niveaux qu’on met. J’ai fait un truc de rockabilly qui sonnait moderne. On enregistre ; en deux jours, c’était fini. Sept heures du soir, arrive Françoise, qui écoute. “Ah c’est formidable. Alors, vous avez fini ? Mais j’entends pas ‘Merde in France’.” On se regarde, elle dit : “Mais pourquoi il n’y a pas ‘Merde in France’ après chaque couplet ?" Bingo. Et Dutronc qui me dit, en rigolant : "Tu vois ? La vieille, elle est forte !"

Gainsbourg, hélas, traînait avec Bambou, qui, la pauvre, était dans un état proche de l'Alabama. Il disait toujours : "Ah la gamine, la gamine" ; moi, j'étais "le binoclard". En fait, il revenait de ses escapades reggae, et si on l'avait écouté, "Merde in France" aurait été un reggae. À un moment, Dutronc m'appelle et me dit : "Tant que le vieux est là, moi, je ne reviens plus au studio, tu te débrouilles." Dutronc était comme ça, il ne voulait pas lui dire qu'il était viré. Il avait quand même amené devant le studio quinze cageots de vin blanc. Chaque fois, il ramenait du vin, du vin, encore du vin. Et c'est pour ça que le crédit sur la pochette, c'est "Barman : Gainsbarre". C'est lui qui nous faisait à déjeuner et à dîner, il nous servait à boire et tout. Il était fabuleux, Gainsbourg ! Mais Dutronc me disait : "C'est pas possible tant qu'il est là, c'est trop aviné." Encore une fois, c'est un cliché, mais en studio, Jacques était quand même professionnel. Sinon, le soir, avec Gainsbourg, ils faisaient des pets sans arrêt, c'était leur jeu. Intenable, très dur. Des concours de pets dans le studio…

À midi, Serge était couché sur la console : "Oh le binoclard, pourquoi tu fais pas ça ?" Vraiment, il se mêlait de la production, et il était à côté de la plaque, on n'était pas dans cet univers-là. Je lui ai dit : "Serge, ça suffit, terminé." "Oh le binoclard, j'ai compris, je m'en vais." Et il est parti. Là, l'ingénieur du son m'a regardé et m'a dit : "Tu as vu ce que tu as fait ?" "Quoi ?" "Tu as viré Gainsbourg du studio, ça va rentrer dans l'histoire." C'était un disque de rock, il fallait une attitude rock jusqu'au bout et rester dans nos baskets, c'est le cas de le dire.

Le disque sort, Dutronc fait une petite soirée dans un restaurant corse avec tous ses amis corses. Arrive Serge, avec sa fille Charlotte, toute gentille. Je me dis : "La pauvre, qu'est-ce qu'elle fait là avec tous les Corses bourrés ?" Serge était aviné à un point, vous ne pouvez pas imaginer, il roulait des pelles à tout le monde, et la pauvre Charlotte pleurait et disait : "Papa, arrête." On peut le raconter aujourd'hui, on est passés à autre chose. Je me dis : "Putain, quand Serge va me voir…" Et là, il me fait : "Oooh, le binoclard, viens dans mes bras." Il me prend, il m'embrasse à la russe et il me dit : "Le disque est formidable, bravo." L'histoire s'arrête là. »

Une autre histoire concernant ce titre majeur mais pas vacciné est racontée par Jacky Jakubowicz, qui, en ces *eighties* balbutiantes, animait l'émission « Platine 45 » et a croisé la route de tous les artistes français d'alors, dont bien sûr Master Jacques, via le vieux Serge : « Avec Gainsbourg, on était complices, pas amis. Je ne pouvais pas être ami avec lui, j'avais vingt ans de moins, j'étais à son service comme attaché de presse. Mais on avait des moments de complicité. Il sortait tous les soirs, et parfois, il m'appelait : "Viens, on va dîner ensemble." Et on parlait de la vie. Il m'a introduit partout, c'est grâce à lui que j'ai découvert la gastronomie, et c'est lui qui m'a présenté Dutronc. Ça a collé tout de suite. Je l'ai surtout reçu quand je faisais "Platine 45", il est souvent venu dans l'émission entre 1982 et 1986. J'ai un souvenir de Jacques, à l'époque où il avait sorti "Merde in France". Il m'avait dit : "Jacky, j'ai une idée, on va aller dans une déchetterie, une vraie, j'en connais une à cinq kilomètres de Paris. Et je vais faire visiter la déchetterie comme si c'était mon appartement." Et on l'a fait. On s'y est pointés, il a fait venir trois magnifiques mannequins, il les a mises dans une baignoire remplie de boue. Il a dit : "Voilà, Jacky, c'est ma salle de bain", en montrant les trois gonzesses à poil couvertes de boue. À la fin, on est partis sur le camion poubelle tous les deux, et puis il a fait le play-back de "Merde in France" avec ses amis corses. »

Jacques et Jacky dans le même camion à benne, Gainsbourg a dû apprécier : c'était encore mieux que sa « Ballade de Johnny Jane ».

« CAMISOLE »

UN INSTRU POUR LE MENTAL

« Six heures, gewurztraminer »

Au comble de l'absurde, Dutronc enregistre un inédit pour la face B de « Merde in France (cacapoum) » sur le même modèle dadaïste-je-m'en-foutiste, avec des *lyrics* en lavabo et une musique originale piochée dans ses fonds de tiroir. Le résultat est – selon que l'on apprécie ou pas le sens de l'humour très particulier de Dutronc – une géniale pochade ou une paresseuse chanson de remplissage. Comme toujours avec Dutronc, la vérité est ailleurs (et la camisole, de force).

« Jacques me dit : "Et la face B ?" "Ben on fait la même chose, un autre rock en lavabo." » Quand Maxime Schmitt enregistre le second titre du 45 tours « Merde in France » marquant la rupture avec Gaumont Musique après les albums *Guerre et Pets* et *C'est pas du bronze*, ça donne « Camisole », morceau kamoulox et nonsensique.

« On ne savait pas du tout quoi faire. Dutronc étant compositeur, il avait pas mal de titres dans la poche. Il avait sorti un instrumental et, comme c'était un truc de fou, il a dit : "On va appeler ça 'Camisole'." "Oui, mais comment on va faire le texte ?" Le résultat, c'est que les paroles, c'est n'importe quoi de A à Z. "Easy Rider, Dean Martinosaure", que du lavabo. Comme il y avait une batterie électronique et pas d'autre arrangement, j'ai dit : "Il faut aller jusqu'au bout du délire. Au milieu du morceau, on va faire un truc qui est rarement fait sur un single, un solo de batterie." Donc, un solo de batterie électronique, ratatatatatatat. À la fin, Jacques est venu vers moi et il me dit : "Ça serait bien qu'au mix on rajoute des applaudissements après le solo de batterie." Je lui ai dit : "Parfait." Dutronc avait cette force dans son manque de communication : dans tous les problèmes, il avait cette intelligence de créer un truc incritiquable. Un jour, on part à Rennes pour voir Étienne Daho aux Transmusicales. Il me dit : "Je suis obligé d'y aller parce que ma femme veut que j'y aille." On devait y aller tous les deux en voiture. J'arrive avec ma belle voiture pour le chercher, il me montre un énorme car de tourisme, il me dit : "J'ai loué un car, et j'ai ramassé des gens dans la rue." Dans le car, il y avait un flic, son concierge, un pompier, son plombier, son notaire ou je ne sais pas qui, plein de gens. Aberrant. On arrive à Rennes, Dutronc me dit : "Ça serait peut-être mieux si j'étais incognito." Il avait mis une cagoule, mais il avait gardé les lunettes noires et le cigare ! On descend tous les deux du car, en même temps que les énergumènes qu'il avait invités. Je le regarde et je lui dis : "Là, tu as vraiment fait fort." Il me prend le bras et me dit : "Je te remercie." Fin de l'histoire. »

Ce premier contact avec Étienne Daho donnera naissance à un duo huit ans plus tard, le remake de « Tous les goûts sont dans ma nature », titre dont la première version était incluse sur *C'est pas du bronze*.

On retrouvera « Camisole » sur l'album *Re-Mix Again*, un concept signé Maxime Schmitt, 50 % remix, 50 % best-of, onze titres, dont deux versions de « Merde in France », une façon de livrer à Gaumont Musique un ultime album contractuel avant de partir pour de nouvelles aventures chez Columbia.

Entre le single « Merde in France » (1984) et l'album *C.Q.F.Dutronc* (1987), Jacques fait une pause cinématographique de cinq ans. Il reviendra sur grand écran, en 1988, avec *Mes nuits sont plus belles que vos jours*, une adaptation du best-seller de Raphaële Billetdoux qui marque les retrouvailles de Dutronc avec Andrzej Zulawski quatorze ans après son rôle bouleversant dans *L'important c'est d'aimer*. Il y incarne Lucas, l'amant de Sophie Marceau, un inventeur victime d'une grave maladie qui affecte sa mémoire. Valérie Lagrange, qui joue dans cette histoire d'amour tragique le rôle de la mère de Sophie Marceau, se souvient d'un tournage éprouvant : « C'est un film terrible. On assiste à la destruction de deux êtres qui s'aiment et en même temps se déchirent, deux êtres cassés par la vie qui finissent par mourir. Je dois jouer le rôle d'une mère absolument épouvantable, pas une mère maquerelle mais presque. Je commence par refuser. Je ne veux pas faire ça. Zulawski revient à la charge et il finit par me convaincre. J'ai tourné ce film, et l'ambiance n'était pas chaleureuse du tout. J'étais mal à l'aise en permanence. »

« LES GARS DE LA NARINE »

IN THE NAVY

« Capitaine Coke
Nous, on s'en moque
On est clean »

Huit ans après « In the Navy », le hit nautique de Village People qui mobilisa la frégate USS *Reasoner* pour le tournage du clip, Dutronc se jette à l'eau et embauche l'orchestre national de la Marine à Toulon pour ce single aquatique, premier extrait d'un album attendu par les fans depuis cinq ans.

« Ne me parlez pas des traditions de la Marine », lançait goguenard le Premier ministre britannique Winston Churchill, « ce n'est rien d'autre que le rhum, la sodomie et le fouet. » Une formule reprise par The Pogues qui en firent le titre de leur meilleur album – *Rum, Sodomy, and the Lash* –, sorti en 1985.

Deux ans après ce manifeste saoulographique beuglé par Shane MacGowan, Dutronc met de l'eau dans son whisky et se jette à la mer. En cette fin des *eighties*, il a beaucoup tourné au cinéma, il a aussi alimenté son compte en banque en participant à plusieurs spots de pub après le succès du single « Merde in France », notamment la lessive Woolite et les pastilles Ricqlès. Son retour en long format sera donc l'album *C.Q.F.Dutronc*, qui aura droit à une quadruple couverture, résultat d'un concours organisé par le quotidien *Libération*.

On ne sait pas si Jacques a écouté et/ou apprécié l'opus des Pogues, mais le premier single extrait de l'album est donc cet hymne aquatique qui sortit en 45 tours de couleur bleue : « Les Gars de la narine ». Le son du morceau n'est guère représentatif de l'album, sur lequel on trouve des musiciens tels qu'Earl Slick, qui officia chez David Bowie, ou Jean-Jacques Burnel, le bassiste des Stranglers et d'Étienne Daho, qui coécrit « Qui se soucie de nous ». Ici, la musique est celle d'une fanfare. L'armée, Dutronc connaît. Il évoquait en 2010 pour *Paris Match* ses années de service : « À l'armée, je m'occupais des bombes atomiques ! J'étais régulateur-chiffreur. J'avais une voiture de fonction pour me rendre dans des bureaux où il y avait des régulateurs pour bombes atomiques avec des messages codés. On nous mettait des trucs dans les oreilles pour qu'on ne puisse pas retenir les séquences codées. J'avais l'impression d'être dans un film. » Au moment de la promo du single, il confirme son affection pour la gent soldatesque : « Les militaires sont des metteurs en scène. Tous les jouets qu'ils n'ont pas eus dans leur enfance, ils les ont en vrai : trains, avions, etc. » Et bateaux, donc, puisque les « gars » de la chanson ne sont autres que l'orchestre national de la Marine.

Après avoir œuvré sur « Merde in France », Maxime Schmitt est au cœur de ce come-back et se souvient de l'aventure marine : « "Les Gars de la narine", c'est une histoire folle. Dans les années soixante, la force de tous les albums de rock – qu'il s'agisse d'Elvis ou de Ricky Nelson –, c'était toujours la compilation des singles, jamais un titre original.

Dutronc aurait été très bon avec seulement des singles. Il s'échappait un peu de ce domaine-là parce que c'était la force des maisons de disques de vendre des albums. S'il n'y a pas d'album, on ne travaille pas l'artiste. Ces incapables fourvoient les artistes, comme avec le digital. Les artistes de la génération de Dutronc étaient perdus avec le son digital, Jacques ne reconnaissait plus sa voix ! C'est un truc terrible, ça. »

Pour Schmitt, le plus gros problème de ce retour en 33 tours, c'est son son. « Quand on a fait *C.Q.F.Dutronc*, CBS avait imposé l'ingénieur du son de Cyndi Lauper. Là, j'ai dit : "C'est la fin des haricots !" J'avais vraiment décroché. L'album s'est très bien vendu sans qu'il y ait de gros tube. Pour "Les Gars de la narine", à l'origine, on était allés à Toulon enregistrer avec l'orchestre de la Marine. On avait juste un petit magnéto professionnel, un Nagra, deux micros et deux perches au-dessus des mecs. Et on enregistrait en direct. C'était formidable, Dutronc était déjà mort de rire d'avoir l'orchestre national de la Marine, il me regardait et souriait. Puis la Marine nous a écrit, elle voulait se retirer. Et l'enregistrement en Nagra deux pistes, on l'a mis sur un 32 pistes, donc il a fallu gonfler les chœurs et l'orchestre, la grosse caisse, tout démultiplier pour avoir le son de l'album. Ça dénaturait pas mal. Mais ça aurait été un single fantastique, enregistré en direct à Toulon avec la Marine nationale. »

Jacques, lui, est ravi de cette collaboration avec la troupe, comme il l'a raconté à son biographe Michel Leydier : « Je voulais une musique militaire, et je leur tire aujourd'hui mon chapeau pour ce qu'ils ont fait sur ce titre. Et puis, comme disait Boris Vian, quand ils jouent d'un instrument, ils ne sont pas dangereux. [2] »

---

2. *Jacques Dutronc, la bio*, Michel Leydier, éditions du Seuil, 2010.

Dans *Libération*, Philippe Manœuvre ne tarit pas d'éloges sur l'album : « Jean-Jacques Burnel se permet sur "Europe'n'roll" deux ou trois fioritures totalement inédites sur le tempo cercueil clouté par Christophe Deschamps, tandis qu'Earl Slick dégage un déluge en fusion. "Opium" est un chef-d'œuvre certifié, une fournaise traversée par les lames barbelées d'Earl Slick. "Corsica" est une pure gemme. » *Le Figaro Magazine* salue quant à lui un « événement après cinq ans d'absence. Du grand art, musicalement parlant ».

Mais la critique n'est pas unanime, c'est le moins que l'on puisse dire. Alain Gardinier écrit alors dans *Rock&Folk* : « Dutronc = No Future. Il y a des disques qui font mal, que l'on regrette d'avoir à chroniquer. On finit par s'en vouloir de l'avoir trop attendu, trop espéré. » Le quotidien *Le Matin de Paris*, lui, exécute l'album avec un titre sans appel : « Massacre à la dutronçonneuse ».

Finalement, le pire jugement viendra de Dutronc en personne, qui déclara à Michel Leydier : « *C.Q.F.D.*, je crois que c'est le plus mauvais. À part la chanson corse, "Opium", une ébauche de "Sainte-Suzanne" et quelques autres… Mais je ne trouve pas l'album bon pour autant, il est plein de blancs, c'est très nouvelle cuisine, très *light*… [3] » Une façon de confirmer les craintes de Maxime Schmitt sur le son digital trop froid de cet album mal-aimé par son créateur, mais malgré tout sacré disque d'or par le public.

---

3. *Ibid.*

« EUROPE'N'ROLL »

JEUX (DE MOTS) SANS FRONTIÈRES

« Un Arabe dans vot' couscous
Un Allemand dans vot' choucroute
[...] Ça, c'est l'Europe'n'roll »

Plus minimal, c'est difficile. Dutronc pratique l'épure pour ce titre proposant une Europe des douze élargie à la Chine, au Japon et au calembour. Un thème parfait pour un morceau avec Jean-Jacques Burnel, qui signait huit ans auparavant *Euroman Cometh*, album-concept autour du même thème.

Voilà cinq ans que Jacques n'a pas sorti d'album. Et son dernier long-métrage, *Tricheurs*, de Barbet Schroeder, date de 1984. Autant dire que le come-back que constitue *C.Q.F.Dutronc* est attendu avec autant d'impatience que d'inquiétude. Pour préparer la promotion de cet album dans lequel Jacques est libéré de ses paroliers de tutelle et écrit la quasi-totalité des chansons, CBS compte mettre le paquet. La première originalité de la promo naît d'un manque d'idées : pour illustrer le disque, un concours est organisé avec le soutien du quotidien *Libération*, qui lance un appel d'offres. Les réponses sont nombreuses, mais, hélas, les meilleures propositions ne sont pas techniquement réalisables, comme cette carte de Corse thermoformée qui aurait été écrasée lors de l'emballage des cartons contenant les vinyles : en 1987, c'est encore le format référence.

Marie-Laurence Gourou, la directrice de la promotion presse chez CBS, une habituée des artistes de gros calibre – Michael Jackson, Bob Dylan, Leonard Cohen, Jean-Jacques Goldman, etc. –, connaît Dutronc depuis sa plus tendre enfance : son beau-frère n'est autre que Philippe Labro, et c'est avec sa nièce Valérie qu'elle se retrouve dans la maison de Lanzmann, en Normandie, en compagnie de Jacques et Françoise. « Ça rigolait bien. J'étais quand même petite, je devais avoir 10, 12 ans. Je les ai vus se marrer. J'ai entendu Dutronc bien balancer les formules. J'ai toujours adoré ce qu'il faisait. »

Quand elle se retrouve embarquée dans la promo de *C.Q.F.Dutronc*, elle se souvient d'un artiste concerné et attentif aux journalistes : « Jacques a toujours tenu ses engagements. Et ce qui m'a le plus sidérée, c'est que c'est le seul artiste – et Dieu sait si j'en ai vu dans ma carrière – qui avait à cœur de faire différent pour chaque journaliste. Chaque fois, il réfléchissait à un truc qui ne ressemblait pas au rendez-vous précédent. Par exemple, il devait faire une interview pour le *Figaro Magazine* avec François Delétraz. Là, j'ai vu Jacques en direct, et il m'a dit : “Bon, alors écoute, tu as une tâche, tu vas devoir te renseigner s'il peut être absent toute la journée de mercredi. Est-ce qu'il peut quitter le journal sans que ce soit un problème du mardi au mercredi soir ?” Je lui réponds que je vais me renseigner, et je lui demande pourquoi. Il me dit : “Parce que tu vas l'emmener prendre l'avion sans lui dire où vous allez. On se retrouve à l'aéroport, une voiture viendra vous chercher, et on va le laisser dans le maquis. Et puis on viendra le récupérer pour manger le sanglier." Et il se marrait en me disant : "Ah ah, il va venir me voir en Corse !" Et, là-dessus, je l'ai rappelé en disant : "Écoute, François boucle l'édition mercredi matin, il ne peut absolument pas être absent." Comme quoi, Jacques était attentionné, il ne laissait rien au hasard. Finalement, il lui a donné rendez-vous à huit heures du matin dans un troquet autour d'une andouillette à la moutarde. Je pense que Delétraz n'a pas oublié ! À midi, ils avaient déjà picolé whisky, bière… »

Bon nombre de critiques sont négatives, et, selon Marie-Laurence, elles n'étaient pas accueillies avec indifférence : « Ça le touchait. Il ne l'a jamais dit, mais moi, je sais qu'illisait tout et que ça le touchait. Même si on a cru le contraire. Et c'est Françoise aussi qui passait par-derrière. Je pense qu'elle a bien monté la sauce aussi, dans certaines circonstances. Quand *Les Inrocks* ont fait un grand papier magnifique sur lui, JD Beauvallet avait fait à côté une critique épouvantable de l'album et elle était hystérique parce qu'elle ne comprenait pas comment on pouvait demander à un artiste de se prêter de cette façon-là à l'interview – parce qu'il a passé du temps, payé de sa personne, une fois encore – et se faire dézinguer comme ça. Je sais qu'il l'avait lue, la critique. Il avait une mémoire d'enfer : qui il avait vu, ce qu'il avait dit… Un autre truc, aussi : c'est le seul artiste que j'ai toujours vu arriver en avance à ses rendez-vous. Toujours. Il était tout le temps là avant tout le monde, un truc de dingue. Dans le métier, je n'ai jamais vu ça. Ce qui m'a toujours épatée, c'est que les gens ne se rendent pas bien compte de la voix qu'il a. Ce mec a une voix absolument phénoménale. Je ne l'ai jamais entendu faire une fausse note. À son âge, il n'a pas la voix qui qui tremble. »

Ce qui reste de la chanson « Europe'n'roll », c'est le sentiment d'un gâchis. L'instrumental est puissant, la voix de Dutronc en place comme jamais, mais la faiblesse du texte plombe le morceau. C'est paresseux comme du Gainsbourg bâclé, minimaliste, mais simpliste au bout du compte. « Un Japonais dans vot'saké/ Un Polonais dans vot'ka », c'est pas du Shakespeare.

Quand Dutronc retrouve la scène, cinq ans après l'album, il en chante trois titres, mais pas « Europe'n'roll ». La promo autour de ce mois de concerts au Casino de Paris fut d'ailleurs l'occasion pour Dutronc de se distinguer en proposant aux journalistes demandant une interview de la faire sur la scène, en plein milieu du spectacle. Marie-Laurence Gourou se souvient : « Quand il y a eu le Casino de Paris, beaucoup de gens ont critiqué parce qu'on envoyait les journalistes sur scène, et c'était souvent le casse-pipe. Je peux témoigner, car j'ai failli me faire une déprime du fait que c'est moi qui leur proposais d'y aller, et que je savais ce qu'ils risquaient. Donc, ce que j'ai tenté d'expliquer à certains qui ne voulaient rien entendre, c'est que ce n'était pas lui qui était dangereux, mais le public. Monique Pantel, de *France-Soir*, a été la première à le faire. Ça s'est mal passé parce qu'elle ne savait pas ce que c'était qu'un micro. Elle le tenait trop bas, donc les gens n'entendaient pas ce qu'elle disait et gueulaient : "Le micro !" Évidemment, sur scène, il se marrait. Mais ce n'est pas lui qui l'a enfoncée. Et le lendemain matin, premier coup de fil : c'était Jacques qui m'appelait en me demandant son numéro de téléphone, pour l'appeler, et où elle habitait, pour lui faire porter des fleurs. Par la suite, j'ai expliqué à tout le monde qu'il ne fallait pas perdre de temps, à cause du public qui s'impatientait vite. Il y en a qui s'en foutaient, ils voulaient juste être sur scène avec Dutronc. Jean-Dominique Bauby était en retard parce qu'il y avait des grèves ce jour-là, il est arrivé juste à temps, il est monté sur scène et il a dit un truc du genre : "Je pète de trouille." Ça a fait marrer tout le monde, il s'est mis le public dans la poche et ça s'est très bien passé. Hélène Hazera était montée de province, je me demande si ce n'est pas elle qui s'était déguisée en abeille. Il y a eu des trucs exceptionnels. Quand j'ai eu Guillaume Durand au téléphone, il m'a dit : "Alors, c'est quoi, les consignes ?" J'ai essayé de lui dire : "Il n'y a pas de consignes, mais si je peux me permettre de vous donner un conseil, puisque j'ai pu observer, il ne faut pas laisser de temps mort." Il a répondu : "Oui, oui", style "Je connais mon métier". Le lendemain, il a pris son temps. Et ça n'a pas raté. Il s'est pris le plus grand bide de sa vie. Quand tu prenais ton temps, le public voulait voir Dutronc, donc il gueulait. Après, je l'ai croisé dans les coulisses, il était tout rouge. Ça a été chaotique, quand même. »

Un chaos confirmé par Dutronc lui-même à Philippe Gildas sur le plateau de « Nulle part ailleurs », l'émission phare du Canal + d'antan : « Ah, Guillaume Durand, il y a eu un problème. Peut-être qu'il pensait être sur son plateau, et il a commencé par dire, je crois, "Taisez-vous" au public. Et là, ça s'est très mal terminé, enfin même pas très mal terminé, ça a très mal commencé, puisqu'après il n'a pas entendu la fin, ça a été : "Dehors, fumier !" J'ai entendu des insultes que je ne connaissais pas, d'ailleurs, j'étais assez ravi. »

« OPIUM »

DANS LES COLLINES DU SPLEEN

« Fumée qui monte au ciel,
C'est toi qui nous élèves aux paradis artificiels »

Une chanson militaire rastaquouère, une curieuse liaison toxique entre rock sous substances et ballade au pavot, et voilà que l'unique reprise de *C.Q.F.Dutronc* se place dans les missions impossibles mais accomplies d'un Jacques qui, une fois de plus, réconcilie des opposés qui s'attirent (d'ailleurs, il se pique de le savoir, aïe aïe aïe).

Maxime Schmitt, réalisateur de l'album *C.Q.F.Dutronc*, a des regrets. Car ce grand retour de Dutronc, cinq ans après la relative déception artistique qu'avait été *C'est pas du bronze*, n'est selon lui pas à la hauteur des ambitions de départ. « Tous les titres de cet album ont été perdus, par la faute de l'un ou de l'autre. "Partir quand même", une composition de Dutronc, j'avais vu Jacques la mettre en forme en Corse tous les matins, jouer, trouver les refrains, avec Françoise qui passait derrière lui : "Ah, Jacques, ça, c'est bien, tu es un mélodiste, pas seulement un rockeur." Certes. J'avais la vision d'un single très fort pour ce morceau, parce que le titre était puissant. Les paroles étaient de Françoise Hardy, et je disais qu'il fallait en faire un truc comme la musique de *Furyo*, le film avec Bowie, signée Sakamoto, qui avait été un tube mondial. Philippe Eidel, qui était arrangeur, avait effectué un gros travail pour en faire un truc exotique. Dutronc m'a dit : "Le problème, c'est que moi, je n'arrive pas à chanter sur les synthés." C'est vrai que ça a tendance à détonner. Il était très gêné, il avait besoin d'une guitare en lead. Earl Slick, le guitariste de Bowie, était là, il a fait la guitare sèche. Je pensais que tout le monde allait trouver ça fabuleux, l'idée était trop géniale. Et un matin, enfin à midi, il arrive au studio et il dit : "Françoise a repris sa chanson." "Sa chanson qui est la tienne !" "Oui, mais c'est ma femme." L'histoire s'arrête là. Françoise a repris "Partir quand même" et en a fait un tube. Encore un morceau qui n'a pas figuré sur l'album, on était pénalisés par l'un ou par l'autre. »

Étienne Daho, lui, se souvient du stop que Françoise a mis à son mari : « Je me souviens qu'à l'origine Jacques devait chanter "Partir quand même". J'étais passé avec Françoise au studio où il enregistrait avec Maxime Schmitt, qui réalisait l'album. Lorsqu'elle a écouté la version de Jacques, elle est entrée dans une de ces fureurs ! Elle n'aimait pas du tout ce qui avait été fait. Pauvre Maxime Schmitt… Jacques se marrait dans son coin. C'est finalement Françoise qui l'a enregistrée. »

Parmi les chansons qui n'ont pas été perdues et figurent bien sur *C.Q.F.Dutronc,* « Opium » est indéniablement une réussite. Contrairement aux autres titres de l'album – à l'exception de « Qui se soucie de nous », qu'il a cosigné avec Étienne Daho, et « Corsica », dont il partage les crédits avec Jean-François Bernardini, le leader du groupe vocal corse I Muvrini –, Dutronc n'a pas écrit les paroles d'« Opium ».

Ce que peu de critiques relèvent à l'époque, c'est que ce titre addictif et psychotrope est en fait… une chanson militaire. Écrite à l'origine en 1931 par Charlys et Guy d'Abzac, elle est d'abord interprétée par le chanteur de caf'conc' Marcel's puis adoptée à la fin des années quarante par les soldats français de la Marine en Indochine, devenant la madeleine de Proust des militaires qui se languissent de la métropole. Pour une chanson accaparée par des soldats, les paroles sont étrangement douces et psychédéliques : « Opium, poison de rêve/ Fumée qui monte au ciel/ C'est toi qui nous élèves/ Aux paradis artificiels/ Je vois le doux visage/ Les yeux de mon aimée/ Parfois, j'ai son image/ Dans un nuage de fumée. »

Le romancier François Sureau, qui a repris une ligne du texte pour l'utiliser comme titre de son roman chez Gallimard, *L'Aile de nos chimères*, lui donne Mac Orlan comme géniteur. Pour paraphraser le carton final de *Barry Lyndon*, le chef-d'œuvre de Stanley Kubrick, « ce fut sous le règne de George III que ces personnages vécurent et se querellèrent ; bons ou mauvais, beaux ou laids, riches ou pauvres, ils sont tous égaux maintenant ».

« Chaque fois que j'entends ce chant, je revois Maman pleurer le jour de la chute de Diên Biên Phu », peut-on lire en commentaire YouTube sous la vidéo d'une version « chorale militaire » de cette composition. La présence de Bambou – 28 ans au moment de l'enregistrement –, dernière compagne de Serge Gainsbourg, au côté de Dutronc a donc du sens : en plus d'être l'ultime muse de Gainsbarre, elle est née Caroline Elisabeth Paulus, le 1er mars 1959, d'un père légionnaire allemand soldat en Indochine et d'une mère aristocrate vietnamienne.

Placée à la DDASS à l'âge de 6 mois, elle grandit en famille d'accueil. Elle rencontre le grand Serge en 1980.

Elle lui inspire « Bambou », un tube interprété en 1981 par Alain Chamfort sur son album *Amour année zéro*. Selon le témoignage de Chamfort et de plusieurs proches du couple, Gainsbourg est fasciné par la toxicomanie de Bambou, « une sorte de curiosité malsaine, parce qu'elle osait aller jusqu'au bout de cette logique autodestructrice qui était aussi la sienne ».

La junkie au regard triste sort un unique album, *Made in China*, intégralement écrit par Serge, deux ans après sa participation à l'« Opium » de Jacques. Sa voix spectrale donne une dimension onirique à cette version pourtant portée par les arrangements électroniques, avec les claviers envoûtants de Philippe Eidel, la guitare agressive d'Earl Slick et la basse grondante de Jean-Jacques Burnel.

Toutes les métaphores psychotropes sont de rigueur pour évoquer cette chanson aussi addictive que vénéneuse d'un Dutronc qui contemple le gouffre et regarde s'y échouer la cendre de son cigare.

« QUI SE SOUCIE DE NOUS »

MUSIQUE D'ASCENSEUR

« On vous a acclamés, on vous a réclamés
On peut plus vous respirer »

Première rencontre artistique entre Dutronc et Daho, « Qui se soucie de nous » est *le* titre fort de *C.Q.F.Dutronc.* Une chanson qui correspond parfaitement au tempérament de Jacques.

En 1986 sort *Pop Satori*, troisième album d'Étienne Daho, qui va définir le son de la pop française des années quatre-vingt. « Tombé pour la France », « Épaule Tattoo » et « Duel au soleil » sont les trois singles mis en exergue, le premier étant illustré par un clip drôle, réalisé par Jean-Pierre Jeunet, qui colle à son époque. C'est le début de la Dahomania : l'album sera certifié platine en 1987 (quatre cent mille ventes à l'époque) et restera classé dans le Top 50 pendant cinquante-sept semaines.

Avant de rencontrer Jacques, Étienne connaît d'abord Françoise Hardy, qu'il a croisée à plusieurs reprises et qu'il commence à fréquenter, en tout bien tout honneur, évidemment. C'est en 1983 qu'a lieu la première connexion, dans des circonstances étranges. Daho se souvient : « Lorsque j'ai commencé à voir Françoise régulièrement, je sentais la présence de Jacques dans leur grande maison du 14e arrondissement. L'odeur du cigare… Mais je ne le voyais jamais. Puis nous nous sommes retrouvés dans une émission de télé en direct présentée par Sacha Distel. Jacques s'est montré hyper désagréable avec moi. Peut-être à cause de mon amitié naissante avec Françoise… J'étais totalement décontenancé. *(Rires)* Je me souviens de Sacha Distel venant me voir dans ma loge pour savoir si j'avais bien encaissé. Voilà comment s'est passée cette première rencontre ! »

Suite du feuilleton : en 1986, Daho termine sa triomphale tournée. « À cette époque, je crois que Jacques avait des parts dans une boîte de nuit à Rennes. Or, la dernière date du *Satori Tour* était à Rennes, et il était vaguement question que Françoise et Jacques viennent me rejoindre sur scène. Mais ils y ont renoncé au dernier moment. » *Caramba*, encore raté.

C'est finalement en 1987 que les deux artistes vont se rapprocher pour écrire cette chanson, dont on trouve l'origine… dans un ascenseur, comme l'explique Daho : « Jacques m'avait envoyé la musique pour écrire un texte. Pour le refrain, j'avais en tête "Qui se soucie de ça", et j'étais passé en studio pour poser une mélodie et de vagues idées. À l'époque, il habitait dans cet hôtel du 15e et, en prenant l'ascenseur, il a dit : "Qui se soucie de nous ?" C'était plié ! Il a réécrit toutes les idées que j'avais apportées. Il m'a généreusement accordé le crédit de coauteur alors qu'il a tout refait. »

Le ton de ce morceau, sorte de révolte molle contre on ne sait qui, colle bien au personnage incarné par Dutronc chanteur : lui qui ne vote pas et estime que, du coup, il ne se sent pas le droit de gueuler comme tout bon Français atomise ici la classe politique… À moins qu'il ne s'agisse de la classe médiatique, voire ecclésiastique. Comment savoir ? Et, au fond, quelle importance ?

La section rythmique basse-batterie Jean-Jacques Burnel-Christophe Deschamps s'en donne à cœur joie, et l'enregistrement du morceau a lieu en toute détente, le 1er juin 1987, au studio du Palais des Congrès, où seront enregistrées toutes les chansons de l'album, à l'exception de « Les Gars de la narine », mise en boîte à Toulon par l'ingénieur du son et ami de la garde rapprochée Jean-Marie Mignot.

« Qui se soucie de nous » est l'un des trois singles extraits de l'album, illustré sur le maxi et le 45 tours d'un dessin de Laurent Lolmède, l'un des quatre gagnants du concours lancé par *Libération* pour habiller la pochette de l'album. En face B, on retrouve un morceau de l'album, « Strip-Tease », agrémenté de la douce voix d'Alexandra Kazan.

Peu de temps après la sortie de *C.Q.F.Dutronc* – dont l'une des explications des initiales est « Corse, Q, Françoise, Dutronc » –, Daho retrouve le clan Dutronc – Jacques, Françoise et Thomas – pour la Saint-Sylvestre. Et va dans la foulée faire profiter son *partner in rime* des plaisirs de la nuit parisienne : « Ce Noël ensemble était très symbolique. Je sortais d'une rupture et je n'avais pas le cœur à la fête. Françoise m'a invité et, avec Jacques, Thomas et elle, nous avons passé un Noël délicieux en famille. J'avais apporté une bouteille de Lynch-Bages qui m'avait coûté la peau du cul et qui a fini dans l'évier car elle était bouchonnée. Jacques ne sortait jamais et j'ai réussi à l'amener au Palace. Nous sommes arrivés les premiers et le DJ a passé "Tous les garçons et les filles" dans le Palace vide. C'était abstrait. J'ai aussi réussi à l'entraîner à La Locomotive, où notre présence a provoqué une émeute. Nous étions coincés au milieu de la foule et ne pouvions plus bouger. »

La rançon du succès… Qui se soucie des stars ? Pas les clubbers de La Loco, apparemment…

« CORSICA »

AU PAYS DES MERVEILLES

« Una terra calla
Nantu à u caminu
Ch'elli samu l'omi »

À Xanadu, Kubilaï Khan a fait construire son majestueux dôme de plaisir. Et à Monticello, Dutronc a élu domicile dans une demeure qu'il partagea avec Françoise et où il vit désormais avec sa cohorte de chats. Un Shangri-La qui valait bien une chanson corse typique, avec Jean-François Bernardini d'I Muvrini en régional de l'étape.

Monticello, Haute-Corse. Pour situer l'endroit, imaginez la Corse comme un poing droit avec le pouce tendu. Vous l'avez ? Eh bien, sur cette carte approximative, Monticello se situe sur le dessus de l'index. Tournez le dos à la mer et partez du bourg en direction de la montagne. Empruntez une route sinueuse – gare aux virages ! – et, avec un peu de chance, vous tomberez sur une bâtisse cachée derrière un large portail où est fixé un panneau sur lequel sont affichés les mots « Attenti al gato ». C'est là que vit Jacques, dans la maison construite en 1966 par Françoise avec ses premiers sous, sur les conseils de Jean-Marie Périer.

Entouré de ses copains du coin, le chanteur laisse couler la vie au rythme des saisons, du jardinage, des apéros, des dîners entre potes et de la télévision. Président de « l'Association des téléspectateurs attentifs de "Télématin" », il admire William Leymergie, qui a animé l'émission jusqu'en 2017. « Chaque matin, je suis devant mon poste à 6 h 30. C'est mon rituel pour démarrer la journée d'un bon pied. Même quand je jardine ou quand je vais donner à manger aux chats, j'ai un casque ultra perfectionné sans fil pour écouter l'émission à distance », déclarait Jacques au *Journal du dimanche*, en 2015.

Mais, plus que tout, il se met au tempo nonchalant de la quarantaine de chats peuplant l'endroit. Félins qu'il nourrit, cajole et auxquels, dit-on, il fait la conversation, prenant soin de faire semblant de téléphoner dès qu'il y a des inconnus afin qu'on ne le prenne pas trop pour un dingo.

Accrochée à la montagne, la demeure cascade en plusieurs niveaux, bars à tous les étages, piscine bouchée – on n'est pas chez les touristes ! – et baie vitrée. Vous êtes dans le domaine corse de Dutronc père, son refuge : « La Corse, je l'ai faite en bateau, à pied, en bagnole. C'est un pays dur, ça se mérite. Soit il pleut trop, soit il ne pleut pas. Soit c'est l'amitié totale, soit c'est le mur total. C'est un rude combat », déclara-t-il à Jean-François Bizot, en 1987, pour le magazine *Actuel*.

C'est dans cette maison qu'il a pour la première fois embrassé Françoise. Tous deux étant d'une maladive timidité, la connexion fut compliquée. Pendant tout le séjour où elle l'avait invité, elle l'a attendu. En vain. Il aura fallu un subterfuge et un pari stupide pour qu'il ose : pour dire aux copains sans le dire vraiment, il avait parié que, si la soirée se passait bien, il porterait au matin un pull coloré. Lorsque la bande l'avait vu arborer un pull rouge sur les épaules au petit déjeuner ce matin de septembre 1967, tous avaient compris que l'affaire avait été entendue.

Vingt ans plus tard, Ce Que Fout Dutronc, c'est… pas grand-chose, en vérité.

Deux décennies se sont écoulées, et la Corse l'a adopté : « Le village de Monticello et ses habitants sont une famille, ils m'ont façonné, m'ont donné une âme », a-t-il déclaré au site local Balagne Corsica. Jacques passe de plus en plus de temps sur l'île de Beauté. Le village s'est étoffé d'un bar – ça lui va – et d'un magasin où Thomas jouit d'un crédit illimité en jouets : « Je suis arrivé ici et je me suis trouvé bien garé. J'ai dit : “Je garde la place.” »

1987 : en quatre ans, Jacques a réalisé quelques pubs, joué dans d'autres, puis s'est attelé à l'écriture d'un scénario. Une histoire rocambolesque de publicitaires parisiens qui débarquent en Corse pour tourner une pub pour des slips en laine, *Les Pointus* (« Pinzuti » – prononcez « Pinsout » – en langue corse), surnom donné aux continentaux qui débarquent pour les vacances et veulent être plus corses que les Corses. Le casting est dingue : de Serge Gainsbourg à Pierre Desproges, tout le monde a dit oui, tout le monde veut en être. Sauf les producteurs. Alors Dutronc attend, en vain, dans le désert des tartares des films fantômes, chimères enfermées dans les crânes de leurs concepteurs rêveurs.

Inquiète – comme toujours – de l'avenir, Françoise le pousse à se mettre au travail. Il signe chez CBS et s'attaque à l'écriture d'un album. Ce sera *C.Q.F.Dutronc*. Enregistrées pour la plupart au printemps 1987 dans le studio du Palais des Congrès de Paris au-dessus duquel le fumeur de havanes a élu domicile, les chansons de ce disque, qui ressemble à un come-back, réunissent la fine fleur pop rock sous la houlette de Maxime Schmitt. Au casting, JJ Burnel – le bassiste des Stranglers –, Christophe Deschamps – le batteur historique de Goldman et de tant d'autres –, Earl Slick – le guitariste de Bowie, John & Yoko ou Étienne Daho. Et Jean-François Bernardini, leader du groupe corse I Muvrini.

I Muvrini, « Les petits mouflons » en langue corse, ces moutons sauvages qui ont élu domicile dans les massifs de Bavella et du Monte Cinto. Le groupe naît à la fin des années soixante-dix sous l'impulsion des frères Alain et Jean-François Bernardini. Lorsque Jacques propose au charismatique Jean-François de coécrire à ses côtés la chanson « Corsica », le groupe a déjà huit albums au compteur, est populaire en Corse mais quasi inconnu sur le continent. Il faudra en réalité attendre les années quatre-vingt-dix – et particulièrement l'album *Curagiu*, en 1995, puis quelques années plus tard la chanson « Terre d'oru », adaptation de « Fields of Gold » en duo avec son auteur, Sting – pour que la bande rencontre, enfin, une reconnaissance plus large.

Chanteur doué, poète patenté et soldat de paix, Jean-François Bernardini pose voix et plume au côté de Jacques dans une chanson pleine de respect et d'amour pour la beauté de cette terre qui est la leur : « Aghju in core/ L'anima secreta/ D'una valle cheta/ Cum'è issu veranu/ Chi dorme luntanu/ Una terra calla. » (« Je l'ai dans mon cœur, l'âme secrète d'une vallée tranquille, comme cet été qui dort loin, une terre silencieuse. »)

Jacques ne porte pas tout de suite le nouvel album sur scène. Après l'enregistrement et la promo, il fait un malaise plus sérieux que les autres et prend la décision radicale d'arrêter l'alcool. Déprimé et anxieux, il esquive un film avec Wim Wenders, réussit un chef-d'œuvre d'interprétation au côté de Sophie Marceau dans *Mes nuits sont plus belles que vos jours* de Zulawski, tourne sans succès dans *Chambre à part*, l'unique film réalisé par Jacky Cukier, aux côtés de Lio et

Michel Blanc, et donne la réplique à Nathalie Baye dans un incroyable court-métrage signé Bruno Chiche, *Le Pinceau à lèvres*.

En parlant de toile, le film suivant en sera une de Pialat, *Van Gogh*, mais c'est une autre histoire. Ou plutôt un autre tableau.

« TOUS LES GOÛTS SONT DANS MA NATURE »

MAÎTRE JACQUES ET SES CONVIVES

« Certains rectos
D'autres pétards
Certains verseaux
D'autres s'agitent tard »

Pour Dutronc, 1995 est l'année du grand retour discographique : huit ans après le mi-figue mi-raisin *C.Q.F.Dutronc*, son onzième album, *Brèves Rencontres* – un disque conçu « pour emmerder ceux qui ne m'aiment pas », selon Dutronc –, est annoncé.

Illustré par une splendide photo en noir et blanc de Stéphane Sednaoui – Jacques en cuir, sans *sunglasses*, avec les yeux revolver et le barreau de chaise aux lèvres – *Brèves Rencontres* est l'occasion pour Dutronc de proposer plusieurs nouveautés. La triomphale tournée de son retour scénique en 1992 – une première depuis vingt ans –, précédée d'une résidence *sold out* au Casino de Paris, était orchestrée par un musicien qui s'est fait connaître en participant aux albums *Blah Blah Blah* d'Iggy Pop et *Never Let Me Down* de David Bowie : Erdal Kizilçay.

C'est lui qui est à l'ouvrage sur les onze chansons de ce come-back qui propose, autre surprise, la première participation discographique de Thomas, à peine 22 ans, à la guitare et aux paroles sur trois titres. Kizilçay dirige le groupe et produit l'album, sur lequel il joue guitare, basse, piano et s'occupe également des arrangements cordes et cuivres.

Un album accompagne Jacques depuis des années, et tout particulièrement lorsqu'il prépare *Brèves Rencontres* avec Linda Lê, qui en a écrit plusieurs textes : *La Troisième Symphonie* d'Henryk Górecki. Une formidable leçon de musique selon le chanteur, « pas très gaie, pas suicidaire non plus, enfin pas idéale pour faire la fête ».

Dans la biographie de présentation de l'album destinée aux médias, le journaliste Philippe Barbot résume ainsi l'aventure : « Cigare castriste, rasage gainsbourien, lunettes sombres et mine guillerette, le gentleman cambrioleur nous invite aujourd'hui à de *Brèves Rencontres* : un nouveau disque, un vrai, le premier depuis 1987, avec dix chansons et un instrumental. Un genre d'auberge épanouie où des convives nommés Thomas Dutronc (le fils, plutôt spirituel) et Arnaud Garoux, Linda Lê, David McNeil et Jean Fauque ripaillent et rimaillent sur les recettes mélodiques de Maître Jacques. Qui fait duo-débat avec Daho et invite le poly-instrumentiste Erdal Kizilçay, un copain de David Bowie, à superviser le banquet. Bonne table, bonne adresse. »

De fait, parmi les premiers titres remarqués, il y a le duo « Tous les goûts sont dans ma nature » avec Étienne Daho. À l'origine, la chanson est un solo écrit et composé par Jacques et inclus sur l'album de 1982 *C'est pas du bronze*. La version en duo arrive donc treize ans plus tard. Daho se souvient de l'origine de cette fructueuse collaboration : « En 1994, il y a eu cette soirée inter-chaînes pour la lutte contre le Sida, et on m'a proposé de venir chanter. Je me suis dit que cette chanson de Jacques serait parfaite à tout point de vue. Elle est brillamment écrite, drôle et politiquement incorrecte. J'ai travaillé avec la guitariste Édith Fambuena sur des arrangements un peu country avec des guitares *slide* et j'ai proposé à Jacques de la chanter avec moi. Il a aimé la version, et nous avons enregistré la démo très rapidement. Après le passage télé, les retours sur ce duo ont été très enthousiastes. Jacques a décidé de l'inclure dans son album *Brèves Rencontres*, et Erdal Kizilçay, qui réalisait l'album, a reproduit la première démo à l'identique car elle était très bien. Je n'ai pas assisté à cet enregistrement, mais je me souviens d'être passé pour le mix aux studios Ferber. Il y avait là Jacques Wolfsohn, qui était l'éditeur de cette chanson et que j'adorais. Il a pris quelques photos de Jacques et moi que je n'ai jamais vues. »

En plus de son inclusion sur l'album de Jacques, « Tous les goûts sont dans ma nature » sort en single – « Dutronc avec Daho », annonce la pochette du CD deux titres – et est également au tracklisting de *L'homme qui marche*, compilation rétrospective de la discographie dahotienne parue en 2015.

Une vidéo à l'ambiance *Eyes Wide Shut*, réalisée par Doug Nichol – qui a dirigé Étienne dans une demi-douzaine de clips et à qui l'on doit l'extraordinaire clip de Pulp *This Is Hardcore* avec sa chorégraphie géométrique en hommage à Busby Berkeley –, réunit les deux chanteurs. Jacques et Étienne évoluent dans un décor de peep-show, accompagnés de quelques strip-teaseuses expertes dans une ambiance SM *light* – un homme au masque de lapin fouetté par une dominatrice en latex – où l'on croise également un fétichiste des talons aiguilles, quelques jeunes éphèbes et des papillons. Interdit de diffusion aux heures de grande écoute, ce flamboyant équivalent visuel d'une grande chanson est l'un des meilleurs vidéoclips qu'ait fournis Jacques Dutronc.

« ELLE M'A RIEN DIT M'A TOUT DIT »

QUIPROQUO ET BIZUTAGE

« "Voulez-vous qu'on se tutoie ?"
Moi, j'ai dit "C'est vous qui vois" »

Pour ce titre dont les circonvolutions linguistiques jouent avec la sororité des sonorités, c'est le parolier de la deuxième partie de carrière de Bashung, Jean Fauque, qui est à la manœuvre. L'origine de cette unique collaboration et les anecdotes qui vont avec valent le détour.

La première rencontre entre le crooner parisien et l'homme qui osa Joséphine a lieu en 1992, pendant la série de concerts au Casino de Paris. Invité par le directeur artistique de Sony Music, Fauque assiste à deux représentations et est convié en loge après la seconde.

« Alors c'est là où il se passe un truc très marrant, se souvient-il. Dans les loges, j'arrive au cœur d'un univers assez farfelu. Il y avait les Corses qui dansaient et qui tapaient du balai sur scène, Thomas et ses potes, beaucoup de monde. Une fois que tout le monde a été parti, le directeur artistique Michel Boulanger m'emmène voir Jacques, qui était assis dans un fauteuil avec cigare et Ray-Ban®. Il est assis, je me penche un peu pour lui serrer la main, il lève les yeux vers moi et dit : “Salut, très content de vous connaître, j’adore ‘Madame rêve’.” Je lui réponds : “Mais ce n’est pas moi qui l’ai écrite, c’est Pierre Grillet.” Alors il devient un peu blême, il se dit : “Mais qu’est-ce que c’est que ce souk ? D’où sort cet usurpateur ?” Et il me demande ce que j’ai écrit. Je lui réponds que, sur l’album de Bashung en question, j’ai fait “Osez Joséphine” et pas mal d’autres. Il a engueulé son directeur artistique. En fait, Françoise Hardy était fan de l’album d’Alain et elle avait craqué sur “Madame rêve”, et c’est elle qui lui avait dit : “Tu devrais bosser avec le mec qui a écrit pour Bashung.” C’est parti sur un quiproquo, Jacques n’en pouvait plus de rire. Il me dit : “Boulanger m’a fait lire des trucs que tu lui as envoyés. Écoute, c’est pas mal. Il faudrait qu’on se voie.” À l’époque, il louait une baraque à Plaisir, dans les Yvelines, et pas longtemps après j’ai eu le privilège d’aller dans cette maison où il y avait une bande de potes, j’ai fait un peu plus la connaissance de Thomas et de son ami Arnaud Garoux. »

À 22 ans, Thomas fait alors ses débuts d’auteur et de guitariste professionnel sur cet album. Il se souvient lui aussi de l’ambiance : « D’abord, j’ai joué un peu de guitare sur le morceau “Thomas”, l’instrumental qui termine le disque. J’avais démarré la guitare pas longtemps avant. On a fait huit prises et on a monté le tout, mais j’étais content du résultat. Pas trop mal pour un mec qui vient de commencer la guitare. C’est à ce moment-là qu’on a rencontré Jean Fauque. J’étais avec mon pote Arnaud, et Jean a vite compris que j’étais un peu dans le truc, que mon père avait l’air d’avoir envie. Donc, il essayait de virer mon pote pour coécrire avec moi. Il n’arrêtait pas de dire du mal de mon pote, pas méchamment parce qu’en même temps il l’adorait. On s’était bien marrés, c'était dingue ! Je me rappelle une fois où il était en slibard, totalement cuit, disant : "Putain, c'est trop dur comme métier, je vais devenir curé, j'en peux plus !" Et mon pote, pour se venger, ajoutait plein de conneries dans tous les textes qu'il avait sur son ordi portable. Pauvre Jean : en trois mois, il n'a fait qu'un texte. »

Trois mois durant lesquels, au-delà des gamineries de Thomas et Arnaud, Jean a aussi su faire passer un peu de son expertise. « Thomas m'a remercié, un jour, disant que je leur avais mis le pied à l'étrier. Par moments, je faisais des corrections, mais il y avait assez de talent derrière pour ne pas avoir à tout changer, sans velléité de cosignature non plus. Il y avait des trucs évidents, d'abord parce qu'ils avaient 20 ans et moi 40. Donc, oui, j'ai eu un regard sur ce qu'ils écrivaient. »

« Elle m'a rien dit m'a tout dit » démarre sur une idée de Jacques. Jean Fauque : « Il m'a dit : "J'ai une idée, c'est 'Elle m'a dit oui et elle m'a dit non'." J'ai répondu : "C'est un peu l'histoire d'une nana qui ne sait pas ce qu'elle veut, de la pure fiction !" *(Rires)* J'ai écrit ce texte, et alors que je l'avais quasiment fini, Jacques me dit : "Ah putain, je t'ai dit 'Elle m'a dit oui elle m'a dit non', mais je ne peux pas l'utiliser parce que c'est une pub que j'ai faite il y a très longtemps, pour un alcool ou je ne sais plus quel truc, je ne peux pas le réutiliser, c'est déposé." Du coup, on a fait "Elle m'a rien dit m'a tout dit". Je lui ai montré le texte, il prenait un malin plaisir, parce qu'il était taquin, à ne pas me donner d'avis. Il semblait dire qu'il allait la faire, ou ne pas la faire… Il était tout le temps accompagné de son pote Jean-Marie Migeot, qu'il appelait "le Sanglier". C'était à la fois son ingé son et son homme à tout faire, son accompagnateur. À un moment, il y avait la phrase "C'est vous qui vois." Et le Jean-Marie en question dit : "Enfin, Jacques, tu ne vas pas chanter ça, ce n'est pas français !" *(Rires)* Je me suis toujours demandé s'il n'avait pas fait exprès de la chanter pour taquiner le fameux Jean-Marie. »

En avril 1995, selon les souvenirs de Jean Fauque, les enregistrements de l'album débutent. « La première chanson qu'il a faite, c'était la mienne. C'était un peu pour me faire plaisir. Il l'a chantée en une prise. Je n'étais pas dingue de l'orchestration que je trouvais lourde, les guitares étaient un peu rétro. Pour les textes, il avait beaucoup de matière première, il avait le choix, il a fallu en filtrer. »

S'il ne reste du travail de Fauque sur le disque que cette chanson, sa présence a été l'un des éléments essentiels de sa construction. « J'ai passé pas mal de temps à travailler sur cet album, et puis j'allais en studio aussi. Jacques m'avait surnommé "Plop" pour le bruit du vin qu'on débouche, parce qu'il disait que chaque fois qu'il avait envie d'attaquer une bouteille, dès qu'on entendait le bruit du bouchon, synchro, j'apparaissais. Ça le faisait beaucoup rire. Le 28 avril 1995, jour de son anniversaire, au studio Plus Trente, la maison de disques lui avait offert un millésime Cheval Blanc, une bouteille de malade. Il était là-bas avec deux ou trois potes corses pendant la séance. Ils écoutaient, fumaient des cigares. Et puis, donc, cette bouteille traîne, ils la contemplent, et à l'heure de l'apéro, Jacques dit : "Bon, ça va être l'heure d'ouvrir le Cheval Blanc. On va en profiter pendant que Plop n'est pas là, avant qu'il la vide." Et au moment synchro où il ouvre la bouteille, l'interphone du studio sonne, et ma tête apparaît. Je ne comprenais rien en entrant, je vois huit mecs pliés en deux, tous hilares. Ils n'en pouvaient plus ! »

Deux chansons des *Brèves Rencontres* sont signées David McNeil – « La Pianiste dans une boîte à Gand » et celle qui donne son titre à l'album –, Linda Lê étant, elle, l'auteur de « L'Âme sœur » et « Rappelez-moi de vous oublier ».

Fauque n'a pas vu ses autres propositions aboutir : « Il y a des paroles qui sont restées au stade de l'écriture. Il m'a dit qu'il en avait maquetté certaines et qu'il y avait eu un souci avec la bande, que ça avait été effacé. Je ne sais pas si c'est vrai ou non, je n'ai jamais rien entendu. Il n'est resté que celle-là. C'était une super expérience, une expérience d'amitié, parce que Jacques, c'est quelqu'un qu'on ne peut qu'aimer. J'ai eu le privilège incroyable de pouvoir aller en Corse, d'être invité là-bas. Il fait partie de ces quelques personnages pour lesquels il y a eu, de ma part en tout cas, une espèce de lien affectif qui s'est créé. Il est tellement drôle, tellement talentueux. Avec Jacques Dutronc, on ne s'ennuie jamais. »

« LAISSE LUCIE FAIRE »

ENFER SANS DAMNATION

« Au nom du fric, je lève mon froc et baisse le reste »

La mort et l'enfer, Faust et Lucifer. Pour cette chanson, Jacques exorcise les démons et se joue des malédictions, offrant une nouvelle preuve de sa capacité à s'approprier un texte qui colle à son image faussement désinvolte. Ce titre est l'un des trois textes imaginés par Thomas – avec « À part ça » et « Faut qu'j'rôde » –, qui entre ainsi, à 22 ans, dans la cour des grands.

Thomas Dutronc, coauteur des paroles de cette chanson avec son ami Arnaud Garoux, a découvert l'art subtil du prose combat en rimes avec « À part ça », « Faut qu'j'rôde » et ce machiavélique « Laisse Lucie faire ». « Pour les textes, je traînais avec un pote de la fac et mon père, qui me disait : "Putain, je reçois un million de textes !" Il avait dit dans un journal qu'il en cherchait, donc, à la maison, il avait cinquante centimètres de hauteur de feuilles avec des paroles de chansons. Il nous a demandé si on ne voulait pas trier un peu pour lui. On a commencé à lire ça avec mon pote. À 20 ans, on a la critique facile, évidemment ! Dans tout ce qu'on lisait, on ne trouvait vraiment rien de terrible, c'était même très mauvais le plus souvent, et ça nous a donné envie d'écrire. Pas tout de suite pour mon père, mais d'abord pour son copain Jean Luisi. On a commencé par deux textes complètement débiles et assez enfantins, mais qui nous faisaient marrer sur le coup en l'imaginant chanter ça. De fil en aiguille, on s'est dit : "Tiens, on va essayer d'écrire pour Papa. C'est tellement mauvais ce qu'il reçoit, pourquoi pas nous ?" C'est comme ça que c'est parti. Ensuite, on s'est rendu compte que ce n'était pas si facile que ça. On a travaillé comme des fous. »

« Laisse Lucie faire » est choisie comme face B du single en duo avec Daho, « Tous les goûts sont dans ma nature », et c'est un autre titre cosigné par Thomas et Arnaud, « À part ça », qui sort en second single et est programmé sur la playlist de quelques radios. Pour le plus grand plaisir de Thomas, qui découvre la fierté d'entendre une de ses premières compositions sur les ondes, une douzaine d'années avant le triomphe de son album solo *Comme un manouche sans guitare*, certifié double platine avec plus de sept cent mille ventes.

« Ça m'a fait drôle de passer à la radio. Mais on se marrait, surtout, c'était comme un jeu. On appelait ça le harcèlement textuel : tous les jours, on écrivait des bouts de texte, sauf qu'on n'y connaissait rien, on était des gamins. On voulait tout le temps faire dire des trucs à mon père, qui en avait marre. On attendait trois, quatre jours, on se disait : "Là c'est bien", et on faisait passer les feuilles de paroles sous la porte. Donc oui, on était fiers de passer à la radio, mais surtout, on était conscients d'avoir réussi à faire quelque chose de correct, vraiment pas quelque chose d'extraordinaire. C'est comme ça que je le voyais. C'est vrai que ça commençait à nous plaire, mon pote Arnaud était de plus en plus fan d'écriture. Je savais qu'avec mon nom, des portes pouvaient s'ouvrir, mais attention, on était encore un peu verts. Mon père nous a filé des idées, d'ailleurs c'est lui qui a trouvé les trois titres des morceaux qu'on a faits, et on a brodé autour. Donc, on s'est dit : "Entraînons-nous encore un peu avant de trouver des artistes à qui écrire des textes." »

Après *Brèves Rencontres*, Arnaud Garoux signera des chansons pour Marie-Amélie Seigner, Thierry Stremler, Natasha St-Pier, Amandine Bourgeois… Et, bien sûr, son pote Thomas, sur ses trois albums solos : *Comme un manouche sans guitare*, *Silence on tourne, on tourne en rond* et *Éternels, jusqu'à demain*.

Dans « Laisse Lucie faire », sur des orchestrations heavy rock qui ont pris un petit coup de vieux, Jacques croone avec gourmandise les *lyrics* du fiston, truffés de références religieuses et profanes. On parle d'« infidèles de sang-froid », de Faust, de la queue du diable, d'un ange et d'un diable sur chaque épaule et aussi d'un saint, mais un saint qui titre à 12,5°, le fameux vin de Saint-Estèphe, AOC du Médoc.

Un exorcisme par l'humour, et une façon de dissiper les sales rumeurs qui ont suivi la performance extrême et unanimement reconnue de Jacques, acteur dans le *Van Gogh* de Maurice Pialat, qui lui valut le César de la meilleure interprétation masculine en 1992. Son amaigrissement pour le rôle avait en effet donné lieu à toutes sortes de rumeurs – sida, cancer, hépatite et patata –, une vieille habitude pour Jacques, dont le décès fut même un jour annoncé sur Europe 1. Entendant la fake news, Jacques appela son père qui lui aurait répondu dans un éclat de rire : « Mais enfin, Jacques, tu me l'aurais dit ! » La phrase définitive du chanteur sur le sujet : « Les rumeurs deviennent vite des tumeurs, ou des… tu meurs. »

« UNE TOMBE À LA PLACE DU CŒUR »

UN DUO QUI TOMBE À PIC

« Les anges vengeurs m'ont dans le collimateur »

Ils sont nombreux, les chanteurs français qui ont tenté le grand écart en chantant avec des rappeurs pour se donner une crédibilité, faire moderne, ouvrir de nouveaux marchés… Le résultat est rarement à la hauteur. Dutronc et Stomy Bugsy, eux, assurent avec « Une tombe à la place du cœur ».

On se souvient du désastreux et incompréhensible duo Patrick Bruel-La Fouine, « Maux d'enfants », sur le thème pourtant fédérateur du cyberharcèlement scolaire. Yannick Noah, lui, s'en est sorti à peu près honorablement avec « Métis(se) », chanson naïve mais sincère sur le « mélange de couleurs » avec Disiz la Peste. Booba a surpris à deux reprises, d'abord avec la lolita Alizée pour un duo finalement avorté – le morceau proposé à la jeune chanteuse, « Arc-en-ciel », sortira finalement en 2019, interprété par Booba en solo – puis avec un curieux single, « Here », en *featuring* avec Christine and the Queens. Une composition atmosphérique accompagnée d'une vidéo décalée dans laquelle les deux artistes se tournent le dos, assis sur le toit et le capot d'une voiture garée sur une plage en bord de mer, peu à peu recouverte par la marée. Alkpote a invité Philippe Katerine sur « Amour » – « Sur les platines, Alk' plus Philippe Katerine, faut l'multi-disque platine » –, Maître Gims Kendji Girac sur « Dernier Métro », Benjamin Biolay Orelsan sur « Ne regrette rien ». Mention Kamoulox à Arielle Dombasle qui vient roucouler sur une reprise de « Pata Pata » avec Mokobé du 113. Gros tube pour Passi et Calogero : « Face à la mer ». Mariage de raison et de chanson entre Oxmo Puccino et Salvatore Adamo pour « Rendez-vous sur Gliese »... La liste est longue.

Dans le cas de Jacques Dutronc, c'est en invité qu'il apparaît sur « Une tombe à la place du cœur », morceau de choix du deuxième album de Stomy Bugsy, *Trop jeune pour mourir*. Familier des duos insolites – on l'a entendu avec Julio Iglesias dans une version actualisée de « Vous les femmes » –, le rappeur est un fan de chanson française de qualité, et donc de Dutronc.

Stomy se souvient : « Quelques années auparavant, j'avais fait la reprise de Julio Iglesias, "Vous les femmes". Le label souhaitait le sortir en single, mais moi pas, c'était juste un clin d'œil, je ne voulais pas d'un succès à la Yannick [rappeur des années quatre-vingt-dix qui a signé un tube avec "Ces soirées-là", adaptation du classique de Claude François]. J'avais peur que ça cartonne tellement que je me retrouve à chanter "Vous les femmes" partout, tous les week-ends en province ! Niveau gen-ar, ça m'aurait arrangé, mais bon... Dutronc, ça colle au rap avec son parlé chanté, et comme on était dans la même maison de disques, ça a été plus facile de le capter. Avec Dutronc, je me suis dit : "Je vais aller à fond avec les artistes que j'aime." Fuck le rap, ce que pensent les gens ou la communauté hip-hop, j'embrasse qui je suis. On est là pour casser les codes, comme Doc Gynéco qui a fait un morceau avec Bernard Tapie. »

Stomy commence par écrire le morceau puis envoie la maquette à Dutronc, qui apprécie et donne son accord. Rendez-vous est pris, en studio. C'est le début des surprises pour le rappeur : « Jacques est arrivé au studio Grande Armée avec son pote Jean Luisi, l'acteur corse. Il était 10 heures du matin, Luisi était déguisé en diable avec une fourche, entouré de deux playmates à gros seins, il partait en voyage je ne sais où, en train ou en avion ! Dutronc, lui, arrive, chemise ouverte, Ray-Ban®, cigare. Il ouvre sa chemise : il venait de se faire opérer, il avait un truc sur le cœur, une machine, je ne sais pas si c'était un pacemaker. Il me dit : "Regarde, Stomy, j'ai une tombe à la place du cœur ! Je n'ai qu'une seule parole, je t'ai dit que je viendrais, je viens. Il est où le micro ?" Il sortait de l'hôpital. Il aurait pu annuler, mais il est venu. Incroyable. On lui a mis l'instru, les paroles, on a cherché la tonalité, il est monté très haut, il avait un style, mais je pense que si on avait été avec des musiciens, on aurait pu changer la tonalité, mais avec l'instru hip-hop… C'est Alexis Ouzani qui a fait la musique, un génie. »

C'est l'occasion pour Stomy d'observer Jacques au travail en studio. « Il écoute, il fume son cigare, il cherche les tonalités… Une fois qu'il a trouvé sa tona, vroum, il déroule. Il ne se prend pas la tête, ça vient tout seul. En une heure, c'était plié. Il peut changer de voix comme il veut ! Il peut chanter du nez, en faisant l'Américain, le crooner. J'avais déjà posé mon texte, mais je l'ai réenregistré pour adapter nos deux voix. À la fin, il freestyle. On était ensemble. Grand moment. »

En effet, contrairement à nombre de duos virtuels enregistrés à distance via des logiciels, ici, la rencontre est réelle, une condition *sine qua non* pour le rappeur. « Il faut rencontrer les artistes. Pour moi, c'est ça, un duo : c'est une rencontre. C'est important. C'est toujours du business, mais il faut que ça soit artistique. Il y a le show et le business !

Si je n'avais pas rencontré Jacques Dutronc, vous m'auriez posé des questions et je n'aurais pas pu vous raconter cette anecdote avec Jean Luisi déguisé en diable, ses playmates et la chemise ouverte de Dutronc. Imaginez la vision ! En plus, c'est une encyclopédie de la musique française, ce mec. »

Malgré sa qualité et son potentiel *crossover*, le titre ne sort pas en single et ne bénéficie pas d'une programmation sur Skyrock, qui le trouve trop « chanson » pour son antenne. Dommage. « Pour moi, la réussite de ce morceau, c'est qu'il a été fait. Quand je le réécoute, il a bien vieilli, il a de la gueule, du style. Pour ce qui est des radios… Quand on a commencé avec Ministère A.M.E.R., ça n'était pas pour les radios. Et dans mon parcours artistique, c'est toujours l'art qui prime, je peux jouer devant cinquante ou cinq mille personnes, je vais envoyer la gouache pareil. Et je ne vais pas me démoraliser parce qu'il n'y a pas assez de monde. Si j'ai baltringué sur scène ou que je n'ai pas fait le boulot, là je vais dire que c'était une mauvaise prestation, pas me cacher derrière des prétextes. »

Il y aura malgré tout des répercussions de cette rencontre entre Jacques et Gilles – le vrai prénom de Stomy : deux ans plus tard, Jean Luisi apparaît en gardien de but dans le clip *Motivation* de Stomy, illustré par des images du film *3 Zéros* dans lequel joue le rappeur. « Je voulais absolument qu'il soit dans la vidéo, il était trop marrant. Il me disait : "Stomy, à mon âge, les filles, elles ne me sucent plus, elles me mâchent !" C'était un bon, Jean. »

Six ans après cette « tombe » en forme d'ovni, Stomy, Passi et Doc Gynéco, sous intitulé Ministère A.M.E.R., chanteront avec Johnny Hallyday « Le temps passe ». Une autre histoire, un autre exploit rapologique du gangster d'amour.

« PUISQUE VOUS PARTEZ EN VOYAGE »

SÉPARATION EN CHANSON

« Puisque nous nous quittons ce soir… »

Une vieille scie des années trente réactualisée par un couple mythique de la chanson française… Qui devient, de fait, l'annonce officielle d'une séparation soft, les amants devenant alors non pas des étrangers mais deux êtres unis par « une amitié particulière », selon la jolie formule employée par Françoise Hardy dans sa biographie.

« 2000 : une année très optimiste pour les pessimistes. » Pour Dutronc, le siècle commence avec une punchline. Et un duo matrimonial où il est le *guest* de son épouse Françoise.

Quand, à la fin du XXe siècle, un journaliste évoque trente ans de vie commune, Jacques répond du tac au tac : « Ah non, de vie *peu* commune. » Une réponse habile pour celui qui déclarait que tromper sa femme, « ça veut dire coucher avec elle parce que, finalement, le sexe de l'homme, c'est une sorte de trompe, et même de trompette puisqu'on joue souvent avec ». Dutronc vient tout juste de conclure une tournée triomphale durant laquelle il a été invité à déjeuner par le président François Mitterrand – « Avec Mitterrand, c'était excellent, avec vaisselle en or massif », déclarait-il alors à *VSD* – et a rassemblé la foule des grands jours à La Courneuve – « Moi qui adore être seul, j'ai adoré les cent mille personnes de la Fête de l'Huma ».

Françoise, quant à elle, évoque sans complaisance dans sa biographie *Le Désespoir des singes et autres bagatelles* l'album *Clair-obscur*, dans lequel on retrouve ce duo matrimonial : « Décousu et inégal, cet album se vendit bien grâce aux efforts de la maison de disques qui s'offrit le luxe d'un affichage dans tout Paris, grâce aussi, bien sûr, au duo très porteur avec Jacques. »

La chanson fut écrite en 1935 par Jean Nohain et Mireille. Mireille, née Mireille Hartuch en 1906, fut la présentatrice de la très populaire émission de télévision « Le Petit Conservatoire de la chanson », où Françoise interpréta ses premiers succès, dont le hit « Tous les garçons et les filles », en 1962. C'est Mireille qui chanta avec Jean Sablon la première version de ce duo maintes fois repris au fil des ans, notamment par Micheline Presle et Daniel Gélin en 1969, Joëlle (du groupe Il était une fois) et Jean Sablon en 1979, Nolwenn Leroy et François Morel en 2007, Elsa Lunghini et Élie Semoun en 2010, Sandrine Kiberlain et Jean Rochefort en 2015 (dans le film *Floride*), Natalie Dessay et Bénabar en 2015 ou Clara Luciani et Arthur Teboul (de Feu! Chatterton) en 2019.

Françoise évoque chez Thierry Ardisson ce duo dans lequel les rôles originaux ont été inversés par rapport à la chanson d'origine. Ici, c'est l'homme qui s'en va et la femme qui reste : « Mireille, c'était une espèce de lutin très fantasque, pleine d'humour, et je trouvais que cela correspondait mieux à Jacques d'être la personne qui s'en va, et moi amoureuse transie qui reste sur le quai. Mais il n'a pas été satisfait à cent pour cent, et il a tenu à ce que l'on refasse cette chanson pour son propre album, qui n'est pas encore prêt, où c'est lui qui reste sur le quai et moi qui pars. » On attend toujours la version Dutronc, qui ne vit jamais le jour.

Les modifications apportées au texte original sont minimes, le « cochon de chef de gare » devenant un « enfoiré » et un petit prologue ayant été rajouté, dans lequel Jacques case le mot « cigare ». La phrase « Savez-vous que nous nous séparons pour la première fois ? » prend un sens particulier, car le titre est aussi une lettre d'adieu, les deux époux ayant décidé de cesser leur vie commune. Le couple demeure pourtant marié, Françoise restant vivre à Paris alors que Jacques s'installe à Monticello, en Corse, là où ils se marièrent en mars 1981, avec sa ribambelle de chats et ses amis du maquis. Françoise Hardy n'utilise pas la langue de bois pour évoquer cet éloignement, citant dans sa bio parue en 2008 Léo Ferré – « Avec le temps, on n'aime plus… » – et complétant la citation : « Je dirais plutôt qu'on aime autrement. Ma relation avec Jacques prenait la forme d'une amitié particulière. Qu'aurions-nous pu espérer de mieux au bout de trente-trois ans ? » Le refus obstiné du divorce exprimé par son mari est accueilli par la chanteuse avec philosophie : « Bien qu'il m'ait pris tendrement la main comme au bon vieux temps, dont lui et moi resterions éternellement nostalgiques, son assertion me parut commandée moins par le souci de me ménager que par une difficulté congénitale à remettre certaines choses en question, une sorte de résistance au changement que l'on confond parfois avec la fidélité, notion bien commode pour masquer diverses formes d'inertie. »

Malgré cette séparation géographique, la série de concerts *D&D*, durant lesquels Jacques et Thomas firent moult dédicaces à Françoise qui apparaissait en photo derrière eux, fut la preuve, s'il en était besoin, que cette « amitié particulière » perdurait vingt ans plus tard. Jusqu'à la fin.

« MADAME L'EXISTENCE »

FROIDES RETROUVAILLES

« Contre la misère,
On a de la poudre aux yeux »

Sorti en 2003, l'album *Madame l'existence* marque le retour du tandem Dutronc-Lanzmann, vingt-trois ans après les deux textes non gainsbouriens de *Guerre et Pets*. Cette fois, Dutronc cosigne les paroles, une première depuis leurs débuts, trente-sept ans auparavant.

David Lanzmann se souvient des origines de ce deuxième acte du duo *sixties* : « Mon père est allé en Corse voir Dutronc. Ils ont bossé ensemble. Je crois que c'était par envie de recréer la magie. En fait, c'est comme quand on reforme un groupe, tout dépend d'une alchimie... Mais il y avait l'envie, certainement. Je crois que c'est mon père qui a proposé. Dans ces années-là, Sony Music chauffe mon père pour refaire de la chanson après huit ans sans album. À l'époque, il a plusieurs projets avec Sony. Et il y a pas mal de textes qui passent chez Sony. Je me souviens que mon père était content de retravailler avec Jacques. Je sais que s'il n'avait pas voulu, il ne l'aurait pas fait. À mon avis, si l'un ou l'autre n'avaient pas eu envie, ils auraient dit non. Donc, il y avait forcément une envie. »

À l'origine des retrouvailles, Jean-Marie Périer, l'ami de toujours, qui déclarait à Frédéric Quinonero, auteur d'une bio titrée *Jacques Dutronc, l'insolent*[4] : « Lanzmann, c'est quand même celui avec qui ça a fonctionné. Par la suite, Jacques n'a plus juré que par Gainsbourg parce que ça faisait bien, il y avait un côté snob à s'acoquiner avec Gainsbourg. Mais la réussite, qu'on le veuille ou non, c'est avec Lanzmann. »

Périer fait le déplacement en Corse, à Monticello, où il filme les retrouvailles des deux Jacques. C'est là, sous le soleil de l'île que Dutronc a choisie comme refuge, que sera enregistrée une grande partie de cet album riche de tant d'espérances. Sur les sept textes de Lanzmann – que Dutronc a cosignés –, celui de « Madame l'existence » est, avec le jazzy « C'est peut-être ça », le plus achevé et reste l'ultime testament d'une collaboration partie en vrille au fil des ans, au fil des tubes, au fil des rancœurs et des jalousies accumulées de part et d'autre. Comme a dit Dutronc, « la vie est une pute, et il faut avoir les moyens de se l'offrir ». Une formule qu'on peut rapprocher des premières lignes de la chanson « Madame l'existence » : « Je voudrais m'acheter une démocratie/ Je voudrais m'acheter le meilleur d'une vie/ Je voudrais m'acheter de la liberté/ Et puis un peu de fraternité. »

Pour le magazine *Schnock*, Jean-Marie Périer revient sur *Salut Sex !*, le documentaire qu'il réalise en 1999 pour Canal +. Un titre qui pourrait sembler étrange à qui ne sait pas que « Sex » est le surnom dont Jean-Marie Périer a affublé

4. Mars 2021, Éditions de L'Archipel.

son Jacques adoré. Périer avoue avoir aimé cinq femmes dans sa vie mais n'avoir été amoureux que de Dutronc. Dans ce docu, on assiste notamment aux retrouvailles Dutronc-Lanzmann, mais la jovialité n'est pas au rendez-vous. Jean-Marie se souvient d'une séquence malaisante : « La scène est vicelarde. Les deux sont assis, un acteur ami de Dutronc est habillé en diable tout au long du film [Il s'agit de Jean Luisi, qui sera également déguisé en diable avec son pote Dutronc lors de la rencontre en studio avec Stomy Bugsy pour l'enregistrement d'"Une tombe à la place du cœur"]. Lanzmann lit des textes à Dutronc, il sue à grosses gouttes. À un moment, le diablotin arrive et Jacques lui demande de lire le texte à la place de Lanzmann. C'est pénible à voir. »

« Madame l'existence », comme les autres chansons des retrouvailles de Jacques et Jacques sur cet album, est donc créditée aux deux J. Le rapport de force a changé : Dutronc s'est depuis longtemps émancipé verbalement et artistiquement. Périer y voit là une justice rétroactive, car il estime que les idées des chansons de Dutronc venaient autant de l'interprète que de son auteur, « même si Dutronc ne peut pas écrire de paroles. Lanzmann était un écrivain qui avait beaucoup de talent, et il a gagné des fortunes grâce à Jacques, mais il s'est très mal conduit avec lui vers la fin. Il l'a laissé tomber dans les années soixante-dix ».

Les autres vérités abondent sur des sujets aussi délicats que les crédits de chansons. Jean Fauque, qui écrivit un titre du précédent album de Dutronc – *Brèves Rencontres* –, se vit lui aussi adjoindre la signature du chanteur-compositeur qu'était Alain Bashung quand il collabora avec ce dernier. Et ce contrairement à Boris Bergman, qui écrivit seul les textes des sept premiers albums de Bashung. Les cuisines des artistes sont pleines de recettes que leurs chefs voudraient garder secrètes…

S'il est notoire que les deux Jacques n'ont jamais connu la complicité qui a été le lot d'autres duos – Souchon-Voulzy, au hasard –, le livre acide de Lanzmann, paru dix ans avant l'enregistrement de *Madame l'existence* et titré *Le Voleur de hasards*, mettait les poings sur les i et les barres de fer sur les t quant à la volonté de retravailler avec l'artiste, mais aussi au sujet de l'absence d'intimité entre ces deux fortes personnalités : « Ce serait l'occasion pour Jacques de me présenter son fils, sa mère, son père, l'occasion de m'inviter à dîner chez lui, en famille, dans ses meubles. Gens et choses que je n'ai jamais connus… » Ambiance.

La conception corse des morceaux de l'album a été racontée avec une joviale cruauté par Dutronc, qui déclarait à l'époque avoir retrouvé une forme de similitude dans leur relation de travail interrompue depuis plus de vingt ans. L'éditeur Jacques Wolfsohn enfermait alors Lanzmann dans une pièce bouclée à clef avec le devoir de faire glisser des textes sous la porte pour être « libéré » une fois les paroles approuvées. Dutronc adapte la formule quelques décennies plus tard. Voilà comment il se souvient de Monticello en duo au micro de Christophe Conte pour *Les Inrocks* : « J'étais sur la terrasse, au bar, et on lui avait installé une table de travail beaucoup plus loin, près du potager. Au moins, il était à l'air libre. Il y avait un type, un genre de coursier, qui faisait la navette entre nous deux. » Une relation étrange mais pas hostile, selon le chanteur, qui s'en expliquait au *Parisien* pendant la promo de cet album de retrouvailles : « Il raconte que je lui ai tout piqué, puis que je lui ai demandé pardon. C'est un écrivain, alors forcément, il est un peu mythomane. Je ne me suis jamais fâché avec lui. »

Ainsi est né le dernier album original de Jacques Dutronc, affiné sous le soleil corse avec des sessions de travail dirigées par Alain Lubrano, recommandé par Françoise Hardy, avec lequel Jacques convient de travailler tous les jours entre 10 heures et midi, et de tout arrêter à ce moment-là, quoi qu'il arrive. La rythmique Dutronc, le rythme corse.

« L'HOMME ET L'ENFANT »

CŒUR D'ARTICHAUT

« N'aie pas peur, le soleil ne meurt pas sous les dunes »

Jacques en mode Claude François ? Un duo nostalgique avec une petite fille ? Que l'on ne s'inquiète pas, Dutronc n'est pas devenu sénile, il donne juste sa version contemporaine d'une chanson à deux voix créée dans les années cinquante par Eddie Constantine, histoire de fournir une note d'émotion dans un album qui marque le retour de son parolier historique.

C'est celui qui incarna Lemmy Caution au cinéma que l'on retrouve sur la version originale de ce duo des *fifties*. Cette adaptation de René Rouzaud d'une chanson de Wayne « The Modern Minstrel » Shanklin, intitulée « Little Boy and the Old Man », fut en effet d'abord interprétée par Eddie Constantine et sa fille Tania dans le film réalisé en 1956 par Raoul André, et lui aussi titré *L'Homme et l'Enfant*.

Chantée par Jacques avec la jeune Louise Duval, cette reprise ferait presque figure d'anomalie sur *Madame l'existence*, l'album des retrouvailles avec Lanzmann. À la fin de l'année 2003, c'est d'ailleurs sur la scène du Téléthon que Big Jacques et la petite Louise chantent ce duo, qui – comme l'autre reprise de l'album, « Un jour tu verras » de Mouloudji – est la survivante d'un projet avorté, celui d'un album entier composé de *covers*. Patrick Bruel ayant sorti en 2002 « son » album de reprises, *Entre deux*, on imagine aisément Dutronc ne pas se précipiter derrière le Patrick aux six i dans son prénom.

« L'Homme et l'Enfant » s'inscrit dans une tradition française de duos entre chanteurs et enfants, dont les plus célèbres exemples sont « Le téléphone pleure », de Claude François et la petite Frédérique, et « Lemon Incest », de Serge et Charlotte Gainsbourg. Faut-il voir dans cette reprise d'une chanson très premier degré une envie de conformisme ? Peu probable, car le reste de l'album, écrit avec Jacques Lanzmann, à l'exception de « Transat en solitaire » au texte signé David McNeil, montre bien que le cynisme des débuts n'a pas disparu à l'arrivée de la soixantaine.

Tout juste Dutronc admet-il un amour coupable pour le feuilleton allemand *Derrick*, qu'il déclare utiliser comme un puissant somnifère. Il existe une photo bien connue des gens qui habitent Internet : on y voit une demi-douzaine de vieilles dames dans un EHPAD, toutes endormies devant un écran de télé montrant Horst Tappert, l'interprète de l'inspecteur Derrick, les yeux fermés. Cette photo, Dutronc l'a fait encadrer.

La grande nouveauté de l'album, qu'on pourrait presque voir comme une revanche sur le passé, c'est la cosignature des textes avec Lanzmann. Après toutes ces années durant lesquelles la critique a cherché à savoir si Dutronc mettait son grain de sel dans les textes, cette écriture à quatre mains pour les sept textes en commun sonne comme la revanche de Jacques sur Jacques. Le duo renoue même avec sa veine révolutionnaire au travers du texte de « L'Ère de rien », avec cette rime riche comme Bernard Arnault : « On n'est pas faits pour bosser/ Les CRS vont nous charger. »

Malgré une critique en demi-teinte et aucune tournée pour le défendre sur scène, *Madame l'existence* finira disque d'or avec cent mille exemplaires vendus, un chiffre qui reste en deçà des espérances d'alors, quand le marché du disque n'avait pas encore atteint le niveau actuel, en constante récession. D'ailleurs, Dutronc n'y croit plus. Interviewé par *Paris Match* quelques années après cet ultime album solo, il confie son désintérêt pour ce milieu : « Le showbiz, je ne connais pas. Quant aux maisons de disques, il n'y en a plus ! On n'arrive pas à les connaître, les mecs du showbiz, puisqu'ils changent de PDG chaque semaine. De toute façon, bientôt, il n'y aura plus de maison de disques, les artistes se produisent de plus en plus tout seuls. » Et quand le journaliste lui demande s'il le regrette, sa réponse est du Dutronc certifié : « Bah, c'est comme les taureaux, on se dit qu'ils ont passé leur vie à bouffer et à baiser, alors on ne va pas les plaindre quand ils finissent dans l'arène ! » Olé.

« ARAGON »

POÉSIE DE PÈRE EN FILS (ET INVERSEMENT)

« On faisait des châteaux de sable
On prenait les loups pour des chiens »

Le troisième album de Dutronc junior – Thomas – propose onze morceaux, dont le très émouvant « Aragon », en duo avec son père, adaptation guitaristique d'un texte du poète français, déjà mis en musique par Jean Ferrat et Léo Ferré, sur une orchestration signée David Chiron.

2015, une année dutronnesque en diable puisqu'elle voit la sortie de la compilation *Joyeux Anniversaire, M'sieur Dutronc*, regroupant treize reprises du répertoire de Jacques interprétées par des artistes venus d'horizons divers : le rappeur JoeyStarr (*feat.* Natty Tüco) pour « L'Idole », Gaëtan Roussel – qui s'occupe également de la production et de la guitare du duo Dutronc-Nicola Sirkis sur « L'Opportuniste » – pour « Le Responsable », le duo féminin Brigitte pour « Opium », Francis Cabrel pour « On nous cache tout, on nous dit rien », Miossec pour « Le Temps de l'amour » et la pétillante

Annie Cordy pour une version féminine de « L'Hôtesse de l'air ».

Deux mois plus tard, le 25 mai, paraît le nouvel album de Dutronc fils, *Éternels, jusqu'à demain*, dans lequel on retrouve « Aragon », un texte du célèbre poète sur une composition à la guitare, chanté en duo avec Dutronc père et qui sera inclus sept ans plus tard dans la setlist de l'ultime tournée de Jacques et Thomas, *Dutronc & Dutronc*.

L'alchimie entre père et fils est palpable, comme l'a remarqué Claude Lelouch : « Il y a une très belle transmission. Les deux sont très gentils. Thomas est peut-être plus méticuleux, plus dans les détails que son père. Et puis, la barre est placée haut pour lui, très, très haut. En même temps, il a montré une personnalité et un talent formidables. Et puis c'est merveilleux quand un père et un fils peuvent faire avancer les choses au nom de la transmission. J'aurais été ravi qu'un de mes fils devienne metteur en scène. Simon a failli l'être, puis il a changé. Il y a des jalousies entre père et fils. On a remarqué. Mais là, dans le cas de Jacques, je pense qu'ils n'ont aucune raison d'être jaloux l'un et l'autre, car ils sont très complémentaires. Ils se ressemblent énormément, mais, dans le même temps, il y a une complémentarité qui fait que, là, non. En tous les cas, je n'ai rien de négatif à dire sur Jacques parce que, pour moi, c'est limpide. »

Dans la première version de cette chanson, Thomas, aidé par son acolyte compositeur David Chiron, reprend les *lyrics* du poète Aragon, qui furent également chantés sous le titre « Est-ce ainsi que les hommes vivent ? », en 1961, par Léo Ferré sur son album *Les Chansons d'Aragon*. La version de Ferré est plus longue, citant le poète autrichien Rainer Maria Rilke. Elle sera reprise en 1962 par Yves Montand, en 1994 par Philippe Léotard, en 1998 par Bernard Lavilliers et en 2022 par Axel Bauer.

La version de Thomas Dutronc est moins musclée que celle de Lavilliers, et c'est sa guitare qui fait la différence, apportant une légèreté cristalline qui sert le texte du poète français et lui apporte une seconde jeunesse.

La version studio de 2022, sur l'album *Dutronc & Dutronc*, accompagnée d'un clip façon Scopitone en Super 8, mélange sur un tempo synthétique les voix des deux D, qui se font écho jusqu'à se ressembler. Comme un ultime passage de flambeau aller-retour, Jacques vampirisant l'œuvre de son fils qui, par ailleurs, s'accapare sa collection de hits classiques. Match nul ? Non, sublime match entre deux artistes à la complicité consanguine qui rivalisent de talent et s'apportent mutuellement de quoi nourrir leurs répertoires respectifs.

« JE N'SUIS PERSONNE (ÉTERNEL JUSQU'À DEMAIN) »

LEUR NOM EST PERSONNE

« Les souvenirs me tournent autour
Pour l'avenir, je passe mon tour »

Chanson-titre du troisième album solo de Thomas en 2015, ce morceau nostalgique et langoureux chanté en duo avec Jacques a été le fruit d'un accouchement douloureux en trois temps. Premier acte : le duo studio sur le solo de Thomas, suivi d'un second duo sur l'album *D&D*, avant de revenir en live lors du rappel de la triomphale tournée père-fils.

« Thomas est un grand travailleur, ce qui est une qualité, sauf peut-être en Corse. Avec moi, ça fait une moyenne. » Ainsi parlait Jacques peu avant le lancement de cette tournée tant attendue, celle qui réunissait le père et le fils autour d'un répertoire dutronnesque allant de « Et moi, et moi, et moi » à « Je n'suis personne (Éternel jusqu'à demain) ».

C'est en 2015 qu'on découvre la première version de cette chanson sous la forme d'un duo, Thomas ayant invité son dad sur son troisième album solo dont le titre était celui de cette ballade douce-amère sur la destinée humaine.

Un enregistrement complexe, comme s'en souvient Thomas, qui collabora à nouveau avec son père sur l'album *Frenchy*, en 2020, pour une reprise du « Petit Jardin » : « Je lui avais montré "Je n'suis personne", éventuellement pour lui, comme ça. Il l'avait trouvée super, il m'avait même dit : "On ne m'a pas fait une chanson aussi bien depuis quinze ans." J'étais content parce que je n'en menais pas large quand je la lui ai proposée : la chanson était toute fraîche, on venait de l'écrire deux jours avant, dans la cuisine, avec David Chiron qui a fait la musique, on l'avait laissée reposer une soirée, on était super contents. Et genre deux ans après, je me dis : "On n'en a pas d'autre, là, on va jamais faire de disque si ça se trouve, alors autant enregistrer sur le mien avec lui en duo et on refera une version sur son disque à lui s'il veut." J'ai proposé ça, et ça ne s'est pas bien passé parce que j'ai enregistré un arrangement en Angleterre qui n'était pas super, on n'avait pas la bonne tonalité, et en plus, on a choisi de chanter à l'unisson. Bref, c'était vraiment raté. Et quand j'arrive pour enregistrer, mon père n'avait pas dormi de la nuit, il était complètement saoul, et il n'a pas pu chanter une phrase. Là, j'étais un peu triste, je ne vous le cache pas. Mais on est revenus le lendemain, il a fait des efforts, il a essayé de chanter un peu, mais le résultat n'était vraiment pas terrible. C'est pour ça que, ce morceau, je regrettais de l'avoir enregistré sur mon album parce qu'on l'a encore un peu amélioré au niveau du texte, et même au niveau des accords, mais je trouvais que c'était quand même une bonne chanson. Pour qu'on le rechante ensemble [sur l'album *Dutronc & Dutronc*], il a fallu que je lutte, vous ne pouvez pas imaginer, parce qu'il ne voulait vraiment pas la faire. Il disait : "C'est sinistre, ça emmerde tout le monde." Je lui ai dit : "Écoute, c'est la seule chanson qui raconte quelque chose entre toi et moi, il y a une histoire, elle peut amener une émotion.

Le concert est super, je te jure qu'un rappel comme ça, ça fera du bien après tous les morceaux d'envoyade qui finissent par 'Merde in France' et la reprise des 'Cactus', si on ne fait pas une ballade en rappel..." J'ai lutté ! Il ne voulait vraiment pas ! Parce qu'il était resté sur le souvenir du premier enregistrement de 2015, en fait. J'ai réussi à lui faire enregistrer en Suisse quand on a fait le disque, et là, en fin de compte, je lui ai fait écouter le résultat, il a trouvé ça super et il a dit : "Bah tu vois, je t'avais dit qu'il fallait la faire, je ne comprends pas pourquoi tu ne voulais pas !" *(Rires)* C'était pour le disque, mais quand il s'agissait de la refaire pour les Zéniths – on ne la faisait pas en festival –, il est retourné dans le côté : "Elle plombe cette chanson, c'est chiant", etc. Et j'ai réussi à le convaincre parce que, quand on a fait une petite résidence de deux, trois jours pour les Zéniths, je lui ai fait tout le concert et il se plaignait de tout, les lumières, le son. Je lui ai dit : "Écoute, mets-toi dans la salle et je fais tout le concert, je chante à ta place." Parfois, je passais même d'un micro à l'autre pour faire le con. Ça m'a bien crevé, mais du coup, il m'a dit : "Bon, ça me fait chier de te le dire, mais tu as raison. À ce moment-là, cette chanson est bien. »

Et on en arrive donc à ces fameux concerts *D&D*, en avril 2022, au Casino de Paris. Cette fois, ça y est : c'est la première (officielle) d'une tournée qui s'annonce grandiose. Thomas est tendu, Jacques faussement (dé)tendu, et nous, public énamouré, on reprend à tue-tête le chapelet de tubes bourrant ce show joué, depuis, près de quarante fois à guichets fermés. Un rêve de promoteur : cent pour cent de remplissage. Flashback backstage, le père assis dans son fauteuil après le spectacle, recevant sourire en coin et cigare – éteint – au bec. Et le fils, prévenant comme toujours, bouteille à la main, servant des verres aux copains. Un tour de France – avec escale dans plusieurs gros festivals – plus loin, et voilà que nos deux lascars sont de retour dans la capitale, celle qui s'éveille à cinq heures, pour une dernière date à l'Accor Arena.

Dès l'entrée du band, punchline blague du taulier : « Je tiens à remercier la salle qui m'a fourni un tabouret, et non un déambulateur. » La scène est un chaleureux décor de studio à l'ancienne, avec au fond un bar. Père et fils blaguent, rendent hommage à Françoise Hardy après un joli moment acoustique et enchaînent les chansons patrimoines. Chacun joue sa gamme : rock pour Jacques, avec la guitare de Fred Chapellier, manouche-jazz pour Thomas et son inséparable ami, le virtuose Rocky Gresset. Deux styles qui se complètent avec harmonie, deux hommes qui se retrouvent dans cet incroyable sens de l'humour et de la dérision.

Le ping-pong entre les deux générations Dutronc se fait intense avec l'enchaînement double duo parigot : après « J'aime plus Paris », le premier hit de Thomas en 2007, une brève conversation père-fils. « Dis-moi, t'avais pas écrit un truc sur Paris ? » La foule applaudit déjà, la flûte est dans le mix, la machine à remonter le temps fonctionne à plein tube.

Une bouteille de morgon ouverte et deux danseurs zazous plus tard, on remarque sur « Aragon » que Thomas est vraiment devenu un délicat orfèvre de l'électricité avec sa Fender, ce qui laisse augurer de beaux futurs. On observe aussi sa délicate tendresse, toujours un œil bienveillant sur « Papounet », comme il dit, mais plus que tout, son visage, encore surpris, du garçon à la fois conscient et émerveillé de cette incroyable aventure. Et lorsqu'il interprète « Éternel jusqu'à demain », écrite en pensant à son père, la fusion est totale. « Moi ce que je préfère/ C'est ne rien faire/ N'allez pas croire que c'est facile/ De rester au bar et de garder son style. » Nonchalance et élégance, dilettantisme de façade, de père en fils.

En quittant l'after, nous bavardons avec un ami de Jacques et comprenons, entre les lignes, que ça va être de plus en plus difficile de le déloger de son île. Du coup, on est doublement heureux d'avoir été là. Deux fois. Merci les Dutronc & Dutronc. Merci Jacques. Merci Thomas.

Alors, finis les concerts *Dutronc & Dutronc* ? C'est la version officielle, celle du manager Vincent Carpentier trois jours après l'Accor Arena : « Jacques Dutronc, en pleine forme, avait prévu de longue date d'arrêter fin décembre la tournée avec son fils. Il a toujours été prévu que la tournée finisse le 21 décembre à Bercy. Dans l'espoir de prolonger cette tournée père-fils qui rencontre un très grand succès et parce que les salles se réservent longtemps à l'avance, Lagardère et Fimalac, coproducteurs, avaient envisagé une prolongation en 2023. Ce que Jacques n'a pas souhaité et jamais validé, estimant, à près de 80 ans, et toujours en pleine forme, avoir rempli sa mission en offrant à son public, avec beaucoup de bonheur, trente-huit concerts à travers la France. »

Thomas enfonce le clou : « Ça s'arrête parce que mon père préfère arrêter maintenant. C'est son genre de ne pas en faire trop, il préfère se faire rare. [...] C'est vrai qu'il n'est pas rentré chez lui, en Corse, pendant toute la tournée. Il est resté sur le continent, ce n'est pas facile. Et puis, il va avoir 80 ans, il s'inquiète de ne pas tenir le coup ». Message clair ? Oui, mais il y a une coda : « On a l'impression, nous, d'arrêter en milieu de tournée. [...] Je suis sûr qu'il va regretter de ne pas continuer, parce qu'on lui avait fait un spectacle aux petits oignons. Il a chanté merveilleusement, une voix vraiment fabuleuse ». Deuxième couche dans l'interview de Thomas au *Parisien* : « C'est la dernière date mercredi... Sauf si on change d'avis d'ici quelques mois ! Mon père a préféré ne pas trop tirer sur la corde et faire attention à sa santé. »

Claude Lelouch aussi a des doutes : « Je ne sais pas. Vous savez, Jacques me fait penser un peu à Jean-Louis Trintignant, ce sont des gens qui disent oui et non d'une heure sur l'autre. Donc, Jacques, il peut changer d'avis très vite, il suffit qu'on ait un bon argument. Les artistes font plusieurs fois leurs adieux. Ils sont habitués à ça. Et puis, dès qu'ils ont dit adieu, ils s'emmerdent. Et ils recommencent. Donc je pense que Jacques est là encore pour un petit bout de temps. »

Car, comme le rappelait Jacques en 2010 avant de (re)partir en tournée, « on ne dit jamais "la dernière" pour les tournées. Enfin là, je parle de bar. On appelle ça la démarrante ».

BIBLIOGRAPHIE

LIVRES

Jacques Dutronc, la bio, Michel Leydier, éditions du Seuil, 2004

Jacques Dutronc, l'insolent, Frédéric Quinonero, L'Archipel, 2021

Françoise Hardy, un long chant d'amour, Frédéric Quinonero, L'Archipel, 2023

Dutronc de A à Z, Gilles Lhote, Albin Michel, 2000

Jacques Dutronc, Christian Eudeline, Éditions Parallèles, 1994

Encore ! Pensées et répliques, Jacques Dutronc, Le Cherche Midi, 2009

Le Désespoir des singes et autres bagatelles, Françoise Hardy, Robert Laffont, 2008

Livre d'or (Partitions), Jacques Dutronc, Carisch, 2012

Jacques Dutronc, Gérard Halimi, Solarstar, 1980

Hardy-Dutronc, biographie, Yann Plougastel, Le Grand Livre du Mois, 2004

Jacques Dutronc, Et moi, et moi…, Christelle Schaff, Les Éditions des Étoiles, 2010

Françoise Hardy, ma vie intérieure, Gilles Verlant, Albin Michel, 2002

Serge Gainsbourg, L'intégrale et cætera, Yves-Ferdinand Bouvier & Serge Vincendet, Bartillat, 2005

Gainsbourg, Gilles Verlant, Albin Michel, 2000

L'Intégrale Gainsbourg, l'histoire de toutes ses chansons, Loïc Picaud & Gilles Verlant, Fetjaine, 2011

REVUE

Schnock n° 14, « Crac Boum Hue ! Jacques Dutronc », La Tengo, 2015

ENTRETIENS EXCLUSIFS

Daniel Auteuil
Alain Chamfort
Étienne Daho
Gilles « Stomy Bugsy » Duarte
Thomas Dutronc
Jean Fauque
Marie-Laurence Gourou
Jacky Jakubowicz
Philippe Labro
David Lanzmann
Françoise Lanzmann
Claude Lelouch
Didier « JoeyStarr » Morville
Maxime Schmitt
Anne Segalen

REMERCIEMENTS

Les auteurs tiennent à remercier les deux Dutronc, Jacques & Thomas (sans qui, etc.), Françoise Hardy, Anne Segalen, Marie-Laurence Gourou, Tania Scemama, Perrine Suquet, Cerise Romedenne, Sarah, Joséphine, Lizzie, Carine, Canelle, Pénélope, Françoise Lanzmann, David Lanzmann, Jean-Claude Cachin, Gilles « Stomy Bugsy » Duarte, Didier « JoeyStarr » Morville, Maxime Schmitt, Philippe Labro, Claude Lelouch, Alain Chamfort, Étienne Daho, Jacky Jakubowicz, Jean Fauque, Daniel Auteuil, Clément Ronin, Vincent Carpentier, Régis Ravanas, Gauthier Hourcade, Guillaume Piau, Tristan Yurgensen, Gilles Verlant (RIP), Loïc Picaud, Gilles Lhote, Michel Leydier, Frédéric Quinonero, Yves-Ferdinand Bouvier, Serge Vincendet, *Schnock* crew, Thomas VDB, Alister, Christophe Ernault, Jean-Marie Périer, Laurent Chalumeau, Philippe Manœuvre, Bertrand Burgalat, Boris Bergman, Raphaël Mezrahi, Majdid Benaroudj, Patrick Eudeline, Christian Eudeline, Léo Mirabel.

Imprimé en France par
CPI Bussière
en avril 2023
N° d'impression : 2068395
Dépôt légal : avril 2023